O DEUS QUE CONHEÇO

RUBEM ALVES

O DEUS QUE CONHEÇO

 Planeta

Copyright © Rubem Alves, 2010
Copyright © Editora Planeta do Brasil, 2019
Todos os direitos reservados.

Preparação: Fernanda França
Revisão: Fernanda Guerriero Antunes e Juliana de A. Rodrigues
Diagramação: Futura
Capa: Adaptado do projeto original de Compañhía
Imagens de capa: Daniel Prudek / Adobe Stock

DADOS INTERNACIONAIS DE CATALOGAÇÃO NA PUBLICAÇÃO (CIP)
ANGÉLICA ILACQUA CRB-8/7057

Alves, Rubem
  O Deus que conheço / Rubem Alves. -- São Paulo : Planeta do Brasil, 2019.
  192 p.

ISBN: 978-85-422-1683-7

1. Crônicas brasileiras 2. Deus - Crônicas I. Título

19-1287   CDD B869.8

2019
Todos os direitos desta edição reservados à
EDITORA PLANETA DO BRASIL LTDA.
Bela Cintra, 986 – 4º andar
Consolação – 01415-002 – São Paulo-SP
www.planetadelivros.com.br
faleconosco@editoraplaneta.com.br

A doença foi o fundamento mais profundo
da minha compulsão para criar.
Criando eu convalesci.
Criando eu de novo fiquei sadio.
Palavras que o poeta Heinrich Heine põe
na boca de Deus no poema
"A canção do Criador"

Sumário

O altar à beira do abismo, por Leandro Karnal..........11
Antes de ler, uma explicação..........17

Parte 1
O rosto belo de Deus

Deus existe?..........23
Sem contabilidade..........29
Fora da beleza não há salvação..........35

Parte 2
A vontade de Deus

Sobre a morte e o morrer..........45
Doutor, será que escapo desta?..........49
Meditação sobre a pergunta de uma pessoa que vai morrer..........53

Casuística 57
Não sejas demasiado justo 61
As estrelas brilham no céu, os homens sofrem na terra 65
Estrelas ou jardins 69
A ética angelical 71
Petrus 75
O direito de morrer sem dor 81
Ética e trapaça 85

Parte 3
Hipocrisias mundanas

Sobre deuses e rezas 91
Será que vou rezar? 95
"Seu destino é o sucesso…" 99
A praga 103
O grande mistério 107
Senhor bispo 111
O filósofo e a camisinha 115
"O prazer nosso de cada dia dá-nos hoje…" 121
A dor 125
Cremação 129

Parte 4
A beleza do céu na terra

Comemorar, recordar 137
Velórios 141

A música dos céus 145
O canto gregoriano..149
Todos os homens devem morrer...153
A cidade adormecida...157
Oãçanracneer..161

PARTE 5
O riso dos deuses

Inseminação artificial..169
A Bíblia não mente 171
El Niño..173
Arrebatamento...175
Sobre ceroulas e a salvação da alma....................................177
Sobre os novos caminhos da Santíssima Trindade 179
Generala..183
Os bichos vão para o céu?..185
Criança não acredita em Deus..187
Conversa teológica entre pai e filho 189

O altar à beira do abismo

O cruzamento da teologia e da poesia foi conhecido entre nós pelo nome Rubem Alves. Na origem, toda teologia é poética. O "Sermão da Montanha", núcleo duro da crença cristã, fala de lírios, de aves, de perdão e de amor. O evangelista Lucas usa da mais fina prosa poética grega ao redigir as parábolas. O prólogo de João é poesia, um pouco empertigada, eu sei, mas poesia. Paulo chega próximo ao puro texto artístico-teológico com sua reflexão sobre a caridade/amor na epístola aos Coríntios. O amor é o dom supremo e sem ele tudo é inútil e vazio. Rubem Alves acredita no Deus da beleza, no Deus dos místicos e dos poetas, no Deus que amanhece e acompanha o pôr do sol, no Deus das crianças e da alegria, na entidade do prazer libertador que evita gaiolas, que constrói plataformas de voo, e não barras de contenção.

Alguns especialistas criaram uma palavra complexa, a teologia apofática, da negação. Deus não é, não existe, pois isso seria próprio dos seres. Não está além da miséria do verbo ser, que une você, leitor, eu, uma pedra e um cachorro. Todos somos. Deus não é. Se Deus fosse algo, seria um ser, apenas, mesmo que o mais poderoso dos seres. O Deus dos raios e trovões, da chuva de enxofre e dos mares abertos tem um poder extraordinário, porém entra em uma escala de força dentro da qual, com menos, eu me encaixo. Deus não é e não pode ser restringido a um bolso no qual coloco meus conhecimentos, meus medos e anseios. A metáfora do bolso Deus é de Rubem Alves. O Deus do livro é inefável, difícil de ser traduzido em palavras e abundante em sentimentos e percepções.

O autor odeias gaiolas e estranha bolsos. A verdade catedrática é estranha ao texto, mesmo a da cátedra de Pedro. A rocha é morta e imutável e a grandiosa frase "Tu és Pedro" é tornada quase sombria. A pedra é, Deus não é. Estando liberto da cadeia dos seres, o mistério divino tratado por Rubem Alves flui em jardins variados e na beleza da sonata de Beethoven ou na música de Bach.

Engana-se quem imagina encontrar nas páginas seguintes pequenos vasos de violeta com rimas sensíveis e chá doce para falar de um Deus fácil. O Deus de Rubem contém morte, agonia, eutanásia, envelhecimento, declínio físico e dor. O abismo do nada e do absurdo (sempre Camus, tantas vezes citado) descortina-se imperioso. O céu é monótono, algo claustrofóbico para o autor. Melhor ser criança do que anjo. O inferno, peça chave da construção teológica, assusta mais pelo que revela dos seus engenheiros do que pelo lugar em si. O Deus do livro não é do tipo infernal e nem angelical.

Diante do abismo do nada, do medo, da morte e de toda dor que acompanha a existência, Rubem Alves constrói seu altar. O altar é onde ele medita e aceita a beleza do terrível, dando a mão para Deus. O autor ficava entediado com as frequências da pergunta: "O Senhor acredita em Deus?". Parecia tão menor diante da vastidão do mistério que se vislumbrava no abismo. A "beleza sempre bela" de Agostinho; o "Deus escondido" de Isaías, Pascal e Lutero; o Deus pouco institucional de Espinoza ou Gandhi; o "Jesus Cristinho" de Fernando Pessoa e toda a redenção pessoal trancam na pergunta monótona: "O senhor acredita em Deus?". Rubem preferia viver Deus a acreditar nele. Daquele que inicia aqui o debate: "mas era fé por obras" ou "fé como graça infusiva extraordinária"? Já começou a construir gaiolas e a dizer que seu bolso teológico é o único válido. De muitas formas, é possível imaginar que os únicos ateus de verdade, os únicos que conseguem negar a divindade em toda a extensão do termo, são os teólogos. Qual seria a mais refinada obra diabólica do que exaltar o sagrado, sufocando-o em dogmas e normas, preceitos e sábados a cumprir, dízimos precisos e livros corretos para ler? Todos construímos altares para venerar nossos deuses. Rubem Alves também. A diferença é que ele sabe que seu altar e seu bolso são obras próprias e que, se fossem o único e verdadeiro lugar de culto para o único e verdadeiro Deus, esse deus seria falso. Deus não morre na pena de Nietzsche, outro autor citado em abundância no livro que você está iniciando. Zaratustra colabora com o divino. Quem enfia a lança no coração de Jesus é o que julga, o que entra nas igrejas apontando o dedo para os "errados". O farisaísmo sempre foi a morte de Deus na boca de padres, pastores, fiéis em geral e todos que entenderam de cor os mandamentos e nunca foram penetrados pelo amor. O problema da frase "eu tenho Jesus no coração" é o verbo "ter": posse, domínio, controle e prisão para o Messias. O convite da cruz é o convite a não ter, todavia ser, buscar, inquietar-se e nunca, jamais, em hipótese alguma, querer ser um coração superior se o Redentor teve o dele perfurado para que você não fosse um vaidoso "homem de bem".

Meu primeiro contato com Rubem Alves foi em 1982. Eu começava a carreira de professor de História em uma escola estadual no interior do Rio Grande do Sul. Tinha acabado de ler dois livros dele sobre educação. Senti-me encorajado e lhe enviei uma carta (sim, aquele papel escrito e assinado, colocado em um envelope e com um selo lambido). O endereço era o da editora dos livros. Dois meses depois, recebi uma resposta do autor. Fiquei muito tocado e exibia, vaidoso, o escrito a colegas da graduação (eu era aluno de licenciatura e já dava aulas). Meu reencontro com ele foi já como doutor e professor na nossa universidade em comum, a Unicamp. Amávamos a universidade, dar aulas, poesia, música clássica, filosofia e teologia e o ato de escrever. Conversamos algumas vezes. A última vez que ouvi a voz dele foi pelo telefone, quando o convidei a participar de uma capacitação para professores de Filosofia, ao que recusou dizendo que as pessoas não queriam mais ouvi-lo e que estava abandonando o jornal para o qual escrevia regularmente. Rubem Alves se enganava. Muita gente queria ouvi-lo ainda e o quer hoje, mesmo ele não estando entre nós desde 2014. Eu deveria ter insistido para que falasse no curso para professores? Talvez, mas ele começava a demonstrar um apreço pelo silêncio e eu respeitei. Marcamos um café em estilo brasileiro, sem data e lugar. Nunca houve o novo encontro. Rubem Alves faleceu, quando eu estava do outro lado do mundo, no coração da China.

Olho seu altar vazio e o abismo no qual ele entrou com tranquilidade de mineiro e poeta. Sinto falta de pessoas sábias e que tenham dúvidas, sinto falta dele. Quando a família me convidou para escrever este prefácio, justificou que, como ele, eu rejeitava dogmas. Acho meu ateísmo mais dogmático do que a fé de Rubem Alves. Sua crença era como a Serra da Boa Esperança que ele tanto rememorava via Lamartine Babo: um espaço de beleza simples e intensa.

A escrita de Rubem Alves existe em torno de citações, poemas, reflexões e casos pessoais: mosaico que ele liga com a prosa leve que dá sentido a cada peça isolada. Como Montaigne ou Nietzsche, constrói sistemas sem a canga férrea da unidade. O leitor não é apresentado a um cardápio obrigatório e lógico, porém a uma mesa (ou altar) de café com pão de queijo. Esse é o sacramento teológico-profano de um "convertido por gratidão", como ele diz. Um religioso proclama que Deus existe. Um agnóstico afirma que não é possível saber se existe ou não. Um ateu nega que Deus exista. Rubem Alves parece ter um certo tédio dos três e oferece mais um pouco de café. Eu também creio em muitas coisas e uma delas é que o mundo se tornou um lugar melhor porque Rubem Alves esteve nele. O resto depende do altar que você inventar.

Encerro com a citação que Rubem Alves fez do poema de Fernando Pessoa:

Fazes falta? Ó sombra fútil chamada gente!
Ninguém faz falta; não fazes falta a ninguém...
Sem ti correrá tudo sem ti.

Talvez seja pior para outros existires que matares-te...
Talvez peses mais durando, que deixando de durar...*

    Na ironia cáustica do português está um exercício de humildade. Quase toda arrogância e posturas dogmáticas vem de uma idolatria: a veneração de si e da suposta importância que temos. Isso move dogmas e redes sociais, tratados de teologia e gestos de violência. Esvaziar-se dos sentidos do mundo para ser é um desafio que perpassa a obra que você tem em mãos. Gente cheia de si já tem seu bezerro de ouro e não precisa de Deus ou dos semelhantes. O Deus de Rubem Alves tem tédio dos idólatras. Ainda bem. Os hebreus adoraram um bezerro de ouro em memória dos deuses tangíveis do Egito. Hoje, com tantos cristãos adorando imagens preciosas supondo ser o Deus verdadeiro, o livro de Rubem Alves ficou ainda mais necessário. Ser professor é sempre um gesto profético.

Leandro Karnal
(IFCH-Unicamp)

---

* CAMPOS, Álvaro de. *Poemas de Álvaro de Campos: heterônimo de Fernando Pessoa*. São Paulo: Saraiva de bolso, 2012.

Antes de ler, uma explicação…

Murilo Mendes foi um poeta mineiro que muito admiro. Num de seus livros, ele escreveu: "No tempo em que eu não era antropófago, isto é, no tempo em que não devorava livros – e os livros não são homens, não contêm a substância, o próprio sangue do homem?".*

Este livro foi escrito com pedaços de mim. Usando pedaços de mim como palavras, eu falei sobre Deus. Porque não há outra forma de falar sobre Deus a não ser falando sobre nós mesmos. Deus é um espelho no qual a imagem da gente aparece refletida com as cores da eternidade.

Alberto Caeiro, poeta, acreditava em Deus do jeito dele. Sobre esse Deus, ele escreveu um poema comprido em que Deus é uma criança. Esse Deus-criança ele amava. Mas não acreditava nos outros:

Não acredito em Deus porque nunca o vi.

Se ele quisesse que eu acreditasse nele,

---

* MENDES, Murilo. *A idade do serrote*. São Paulo: Companhia das Letras, 2018.

Sem dúvida que viria falar comigo
E entraria pela minha porta dentro
Dizendo-me, *Aqui estou!**

As razões do poeta para não acreditar são de fazer pensar. Ninguém jamais viu Deus. Dele, o que conhecemos são as palavras que falamos. E palavras são como bolsos – espaços vazios que usamos para guardar coisas. Num bolso posso pôr um vidro de perfume ou um vidro de veneno. Nos aeroportos, a segurança presta atenção especial nos vidros. O líquido de um vidrinho pode explodir um avião.

O nome "Deus" é também um bolso. Há bolsos que guardam infernos e outros que guardam jardins.

Este livro são coisas que tirei do meu bolso de nome "Deus". Ali, dentro desse nome-bolso, estão jardins, beleza, amor, utopias… Mas tirei também coisas que me dão medo, venenos que vazam na água cristalina. Para me livrar deles.

No entanto, ao final, tudo se resolve com o riso – para realizar a sabedoria do Riobaldo:

Como não ter Deus? Com Deus existindo, tudo dá esperança: sempre um milagre é possível, o mundo se resolve. Mas, se não tem Deus, há-de a gente perdidos no vai-vem, e a vida é burra. E o aberto perigo das grandes e pequenas horas, não se podendo facilitar […]. Tendo Deus, é menos grave se descuidar um pouquinho, pois no fim dá certo.**

Para isso a gente chama Deus – para, no fim, tudo dar certo…

Rubem Alves

---

* PESSOA, Fernando. *Poesia completa de Alberto Caeiro*. São Paulo: Companhia das Letras, 2005.
** ROSA, Guimarães. *Grande sertão: Veredas*. São Paulo: Companhia das Letras, 2019.

PARTE 1

O rosto belo de Deus

Rezam meus olhos quando contemplo a beleza.
A beleza é a sombra de Deus no mundo.
Helena Kolody

Sejamos simples e calmos,
Como os regatos e as árvores,
E Deus amar-nos-á fazendo de nós
Belos como as árvores e os regatos,
E dar-nos-á verdor na sua primavera,
E um rio aonde ir ter quando acabemos!...
Alberto Caeiro

E à raça humana eu digo:
– Não seja curiosa a respeito de Deus,
pois eu sou curioso sobre todas as coisas
e não sou curioso a respeito de Deus.
(Não há palavra capaz de dizer
quanto eu me sinto em paz
perante Deus e a morte.)
Escuto e vejo Deus em todos os objetos,
embora de Deus mesmo eu não entenda
nem um pouquinho.
Walt Whitman

Deus existe?

De vez em quando alguém me pergunta se eu acredito em Deus. E eu fico mudo, sem dar resposta, porque qualquer resposta que desse seria mal-entendida. O problema está neste verbo simples, cujo sentido todo mundo pensa entender: "acreditar". Mesmo sem estar vendo, eu acredito que existe uma cordilheira chamada Himalaia, e acredito na estrela Alfa Centauro, e acredito que dentro do armário há uma réstia de cebolas... Se eu respondesse à pergunta dizendo que acredito em Deus, o estaria colocando no mesmo rol em que estão as montanhas, a estrela, as cebolas, uma coisa entre outras, não importando que seja a maior de todas.

Era assim que Casimiro de Abreu acreditava em Deus, e todo mundo decorou e recitou seu poema teológico:

Eu me lembro! Eu me lembro! – Era pequeno
E brincava na praia; o mar bramia
E, erguendo o dorso altivo, sacudia
A branca espuma para o céu sereno.

E eu disse a minha mãe N'esse momento:
"Que dura orquestra! Que furor insano!
Que pode haver maior que o oceano,
Ou que seja mais forte do que o vento?"

Minha mãe a sorrir olhou pr'os céus
E respondeu: "Um Ser que nós não vemos
E maior do que o mar que nós tememos,
Mais forte que o tufão, meu filho, é Deus!"*

Ritmos e rimas são perigosos porque, com frequência, nos levam a misturar razões ruins com música ruim. Deixados de lado o ritmo e as rimas, o argumento do poeta se reduz a isto: Deus é uma "coisona" que sopra qual ventania enorme, e um marzão que dá muito mais medo que esse mar que está aí. Ora, admito até que "coisona" tal possa existir. Mas não há argumento que me faça amá-la. Pelo contrário, o que realmente desejo é vê-la bem longe de mim! Quem é que gostaria de viver no meio da ventania, navegando num mar terrível? Eu não...

É preciso, de uma vez por todas, compreender que acreditar em Deus não vale um tostão furado. Não, não fiquem bravos comigo. Fiquem bravos com o apóstolo Tiago, que deixou escrito

---

* ABREU, Casimiro de. *As primaveras*. São Paulo: Martin Claret, 2014.

em sua epístola sagrada: "Crês tu que Deus é um só? Fazes bem; os demônios também o creem, e estremecem." (Tg 2,19). Em resumo, o apóstolo está dizendo que os demônios estão melhor do que nós, porque, além de acreditar, estremecem... Você estremece ao ouvir o nome de Deus? Duvido. Se estremecesse, não o repetiria tanto, por medo de contrair malária...

Enquanto escrevo, estou ouvindo a sonata "Appassionata", de Beethoven, a mesma que Lênin poderia ouvir o dia inteiro, sem se cansar, e seu efeito era tal que ele tinha medo de ser magicamente transformado em alegria e amor, sentimentos incompatíveis com as necessidades revolucionárias (o que explica as razões por que ativistas políticos geralmente não se dão bem com música clássica). Se eu pudesse conversar com o meu cachorro e lhe perguntasse:

— Você acredita na "Appassionata"?

Ele me responderia:

— Pois é claro. Acha que eu sou surdo? Estou ouvindo. E, por sinal, esse barulho está perturbando o meu sono.

Mas eu, ao contrário do meu cachorro, tive vontade de chorar por causa da beleza. A beleza tomou conta do meu corpo, que ficou arrepiado: a beleza se fez carne. Mas sei que a sonata tem uma existência efêmera. Dentro de poucos minutos só haverá o silêncio. Ela viverá em mim como memória. Assim é a forma de existência dos objetos de amor – não como as montanhas, a estrela, as cebolas, mas como saudade. E eu, então, pensarei que é preciso tomar providências para que a sonata ressuscite de sua morte...

Leio e releio os poemas de Cecília Meireles. Por que releio, se já os li? Por que releio, se sei de cor as palavras que vou ler?

Porque a alma não se cansa da beleza. Beleza é aquilo que faz o corpo tremer. Há cenas que ela descreveu que, eu sei, existirão eternamente. Ou, inversamente, porque existiam eternamente, ela as descreveu.

> O crepúsculo é este sossego do céu
> com suas nuvens paralelas
> e uma última cor penetrando nas árvores
> até os pássaros.
>
> É esta curva dos pombos, rente aos telhados,
> este cantar de galos e rolas, muito longe;
> e, mais longe, o abrolhar de estrelas brancas,
> ainda sem luz.*

Que existência frágil tem um poema, mais frágil que as montanhas, a estrela, as cebolas. Poemas são meras palavras, que dependem de que alguém as escreva, leia, recite. No entanto, as palavras fazem com o meu corpo aquilo que o universo inteiro não pode fazer.

Fui jantar com um rico empresário, que acredita em Deus, mas me disse não compreender as razões por que puseram o retrato da Cecília Meireles, uma mulher velha e feia, numa cédula do nosso dinheiro. Melhor teria sido o retrato da Xuxa. Do ponto de vista da existência, ele estava certo. A Xuxa tem mais realidade que a Cecília. Ela tem uma densidade imagética e monetária que a Cecília não tem e nunca quis ter. A Cecília é um

---

* MEIRELES, Cecília. *Poesia completa*. São Paulo: Global, 2017.

ser etéreo, semelhante às nuvens do crepúsculo, à espuma do mar, ao voo dos pássaros. E, no entanto, sei que os seus poemas viverão eternamente. Porque são belos.

A beleza é entidade volátil – toca a pele e rápido se vai. Pois isso a que nos referimos pelo nome de Deus é assim mesmo: um grande, enorme Vazio, que contém toda a beleza do universo. Se o vaso não fosse vazio, nele não se plantariam as flores. Se o copo não fosse vazio, com ele não se beberia a água. Se a boca não fosse vazia, com ela não se comeria o fruto. Se o útero não fosse vazio, nele não cresceria a vida. Se o céu não fosse vazio, nele não voariam os pássaros, nem as nuvens, nem as pipas...

E assim, me atrevendo a usar a ontologia de Riobaldo, posso dizer que Deus tem de existir. Tem beleza demais no universo, e beleza não pode ser perdida. E Deus é esse Vazio sem fim, gamela infinita, que pelo universo vai colhendo e ajuntando toda a beleza que há, garantindo que nada se perderá, dizendo que tudo que se amou e se perdeu haverá de voltar, se repetirá de novo. Deus existe para tranquilizar a saudade.

Posso então responder à pergunta que me fizeram. É claro que acredito em Deus, do jeito como acredito nas cores do crepúsculo, do jeito como acredito no perfume da murta, do jeito como acredito na beleza da sonata, do jeito como acredito na alegria da criança que brinca, do jeito como acredito na beleza do olhar que me contempla em silêncio. Tudo tão frágil, tão inexistente, mas me faz chorar. E, se me faz chorar, é sagrado. É um pedaço de Deus... Dizia o poeta Paul Valéry: "Que seria de nós sem o socorro daquilo que não existe?".

Sem contabilidade

Para escrever esta crônica, preciso de dois fios que deixei soltos. Porque eu escrevo como os tecelões que tecem seus tapetes trançando fios de linha. Também eu tranço fios. Só que de palavras.

O primeiro fio saiu do corpo de uma aranha de nome Alberto Caeiro. (Aranha, sim. Tecemos teias de palavras como casas de morar sobre o abismo.) Disse:

> O essencial é saber ver [...]
> Mas isso [...],
> Isso exige um estudo profundo,
> Uma aprendizagem de desaprender [...]
>
> Procuro despir-me do que aprendi,
> Procuro esquecer-me do modo de lembrar que me ensinaram,
> E raspar a tinta com que me pintaram os sentidos.*

---

* PESSOA, op. cit.

Volta-me à memória o meu amigo raspando a tinta das paredes da casa centenária que comprara; tantas tinham sido as demãos, cada morador a pintara de uma cor nova sobre a cor antiga. Mas ele a amou como uma namorada. Não queria pôr vestido novo sobre vestido velho. Queria vê-la nua. Foi necessário um longo *striptease*, raspagens sucessivas, até que ela, nua, mostrasse seu corpo original: pinho-de-riga marfim com sinuosas listras de cor marrom.

Nós. Casas. Vão-nos pintando pela vida afora até que memória não mais existe do nosso corpo original. O rosto? Perdido. Máscara de palavras. Quem somos? Não sabemos. Para saber é preciso esquecer, desaprender.

Segunda aranha, segundo fio, Bernardo Soares: nós só vemos aquilo que somos. Ingênuos, pensamos que os olhos são puros, dignos de confiança, que eles realmente veem as coisas tais como são. Puro engano. Os olhos são pintores: pintam o mundo de fora com as cores que moram dentro deles. Olho luminoso vê mundo colorido; olho trevoso vê mundo negro.

Nem Deus escapou. Mistério tão grande que ninguém jamais viu, e até se interditou aos homens fazer sobre ele qualquer exercício de pintura, segundo mandamento – "Não farás para ti imagem" (Dt 5,8) –, tendo sido proibido até, com pena de morte, que o seu nome fosse pronunciado. Mas os homens desobedeceram. Desandaram a pintar o grande mistério como quem pinta casa. E, a cada nova demão de tinta, mais o mistério se parecia com a cara daqueles que o pintavam. Até que o mistério desapareceu, sumiu, foi esquecido, enterrado sob as montanhas de palavras que os homens empilharam sobre o seu vazio. Cada um pintou Deus do seu jeito.

Disse Angelus Silesius:

O olho através do qual Deus me vê é o mesmo através do qual eu o vejo. E assim Deus virou vingador que administra um inferno, inimigo da vida que ordena a morte, eunuco que ordena a abstinência, juiz que condena, carrasco que mata, banqueiro que executa débitos, inquisidor que acende fogueiras, guerreiro que mata os inimigos, igualzinho aos pintores que o pintaram.

E aqui estamos nós diante desse mural milenar gigantesco, onde foram pintados rostos que os religiosos dizem ser rostos de Deus. Cruz-credo. Exorcizo. Deus não pode ser assim tão feio. Deus tem de ser bonito. Feio é o cremulhão, o cão, o coisa-ruim, o demo. Retratos de quem pintou, isso sim. Menos que caricatura. Caricatura tem parecença. Máscaras. Ídolos. Para se voltar a Deus, é preciso esquecer, esquecer muito, desaprender o aprendido, raspar a tinta...

Os que não perderam a memória do mistério se horrorizaram diante dessa ousadia humana. Denunciaram. Houve um que gritou que Deus estava morto. Claro. Ele não conseguia encontrá-lo naquele quarto de horrores. Gritou que nós éramos os assassinos de Deus. Foi acusado de ateu. Mas o que ele queria, de verdade, era quebrar todas aquelas máscaras para poder de novo contemplar o mistério infinito.

Outro que fez isso foi Jesus. "Ouvistes o que foi dito aos antigos [...] Eu, porém, vos digo [...]" (Mt 5,21-2). O deus pintado nas paredes do templo não combinava com o Deus que Jesus via. O deus sobre o qual ele falava era horrível às pessoas boas e defensoras dos bons costumes. Dizia que as meretrizes entrariam no reino à frente dos religiosos. Que os beatos eram sepulcros caiados: por fora brancura, por dentro fedor. Que o amor vale mais do que a lei. Que as crianças são mais divinas que os adultos. Que Deus não precisa de lugares sagrados – cada ser humano é um altar, onde quer que esteja.

E ele fazia isso de forma mansa. Contava estórias. A uma delas, os pintores de parede deram o nome de Parábola do Filho Pródigo. É sobre um pai e dois filhos. Um deles, o mais velho, todo certo, de acordo com o figurino, cumpridor de todos os deveres, trabalhador.

O outro, mais novo, malandro, gastador irresponsável. Pegou a sua parte da herança adiantada e se mandou pelo mundo, caindo na farra e gastando tudo. Acabou o dinheiro, veio a fome, foi tomar conta de porcos. Aí se lembrou da casa paterna e pensou que lá os trabalhadores passavam melhor do que ele. Imaginou que o pai bem que poderia aceitá-lo como trabalhador, já que não merecia mais ser tido como filho. Voltou. O pai o viu de longe. Saiu correndo ao seu encontro, abraçou-o e ordenou uma grande festa, com música e churrasco. Para os pintores de parede, a estória poderia ter terminado aqui. Boa estória para exortar os pecadores a se arrepender. Deus perdoa sempre. Mas não é nada disso. Tem a parte do irmão mais velho. Voltou do trabalho, ouviu a música, sentiu o cheiro de churrasco, ficou sabendo do que acontecia, ficou furioso com o pai, ofendido, e com razão. Seu pai não fazia distinção entre credores e devedores. Fosse o pai como um confessor e o filho gastador teria, pelo menos, de cumprir uma penitência.

A parábola termina num diálogo suspenso entre o pai e o filho justo. Mas o suspense se resolve se entendermos as conversas havidas entre eles. Disse o filho mais moço:

— Pai, peguei o dinheiro adiantado e gastei tudo. Eu sou devedor, tu és credor.

Respondeu-lhe o pai:

— Meu filho, eu não somo débitos.

Disse o filho mais velho:

— Pai, trabalhei duro, não recebi meus salários, não recebi minhas férias e jamais me deste um cabrito para me alegrar com os meus amigos. Eu sou credor, tu és devedor.

Respondeu-lhe o pai:

— Meu filho, eu não somo créditos.

Os dois filhos eram iguais um ao outro, iguais a nós: somavam débitos e créditos. O pai era diferente. Jesus pinta um rosto de Deus que a sabedoria humana não pode entender. Ele não faz contabilidade. Não soma nem virtudes nem pecados. Assim é o amor. Não tem porquês. Sem-razões. Ama porque ama. Não faz contabilidade nem do mal nem do bem. Com um Deus assim, o universo fica mais manso. E os medos se vão. Nome certo para a parábola: "Um pai que não sabe somar". Ou: "Um pai que não tem memória"...

Fora da beleza não há salvação...

Escrevo como poeta. Cummings disse que o mundo ilimitado de um poeta é ele mesmo. Narcisismo egocêntrico? Não. Invoco a Cecília Meireles para esclarecer. Dizia ela para sua avó: "Teu corpo era um espelho pensante do universo".* Os poetas, diferentemente dos cientistas, que desejam conhecer o universo olhando diretamente para ele, só conhecem o universo como parte do seu corpo. Poesia é eucaristia. O poeta contempla a coisa e diz: "Isso é o meu corpo".

Poeta, não sei falar cientificamente sobre o cristianismo. Só posso falar sobre ele tal como foi se refletindo no espelho do meu corpo, através do tempo.

Infância. Crianças não têm ideias religiosas. Nada sabem sobre entidades espirituais. Crianças são criaturas deste mundo.

---

* MEIRELES, op. cit.

Elas o experimentam por meio dos sentidos, especialmente a visão. As crianças não têm ideias religiosas, mas têm experiências místicas. Experiência mística não é ver seres de outro mundo. É ver este mundo iluminado pela beleza. Essas são experiências grandes demais para a linguagem. Dessas experiências brotam os sentimentos religiosos. Religião é a casca vazia da cigarra sobre o tronco da árvore. Sentimento religioso é a cigarra em voo. Menino, eu voava com as cigarras.

As ideias religiosas não nascem das crianças. São colocadas no corpo das crianças pelos adultos. Minha mãe me ensinou a rezar: "Agora me deito para dormir. Guarda-me, ó Deus, em teu amor. Se eu morrer sem acordar, recebe minh'alma, ó Senhor. Amém". Resumo mínimo de teologia cristã: há Deus, há morte, há uma alma que sobrevive à morte. Depois vieram outras lições: "Deus está te vendo, menino...". Deus vira um Grande Olho que tudo vê e me vigia. Meu primeiro sentimento em relação a Deus: medo.

As crianças acreditam naquilo que os grandes falam. E assim se inicia um processo educativo pelo qual os grandes vão escrevendo no corpo das crianças as palavras da religião. O corpo da criança deixa de ser corpo de criança – passa a ser o caderno em que os adultos escrevem suas palavras religiosas.

Muitas são as lições do catecismo. Deus é um espírito que sabe todas as coisas. Vê o que você está fazendo com as mãos, debaixo das cobertas, com a luz apagada. Deus é onipotente: pode fazer todas as coisas. Tendo poder absoluto, tudo que acontece é porque ele quis. A criancinha defeituosa, a mãe que morre no parto, as câmaras de tortura, as guerras... As tragédias não acontecem. Deus as produz. Diante das tragédias, ensina-se que se deve repetir: "É a vontade de Deus". É preciso fazer o que Deus manda, pois, se não o fizer, ele me castigará. Se eu morrer sem me arrepender, serei punido com o fogo do inferno, eternamente. Essa vida do corpo, na terra, não tem valor. Vale de lágrimas onde os degredados filhos de Eva lamentam e choram, esperando o céu. O céu vem depois da morte. Deus mora no lugar que há depois que a vida acaba. O mundo é um campo de provas minado por prazeres onde o destino eterno da alma vai ser decidido. Para amar a Deus e seu céu, é preciso odiar a vida. Quem ama as coisas boas da vida não está amando a Deus. Negar o corpo: lacerações, abstenções, sacrifícios – essas são as dádivas que se devem oferecer a Deus. Ele fica feliz quando sofremos. De todos os prazeres, os mais perigosos são os prazeres do sexo. Assim, é preciso fazer sexo sem prazer, para procriar. Deus nunca foi visto por ninguém. Mas revelou a sua vontade a uma instituição, a Igreja, não importando se católica ou protestante. A ela, Igreja, foi confiada a guarda do livro escrito por inspiração divina, as Sagradas Escrituras, a Grande Enciclopédia dos Saberes e das Ordens Divinas. Sendo assim, "fora da Igreja não há salvação", porque fora da Igreja não há conhecimento de Deus.

Ludwig Wittgenstein fala sobre o poder enfeitiçante das palavras. Palavras enfeitiçantes: aquelas que nos possuem e nos impedem de pensar. Assim são as ideias religiosas: o corpo dos homens está coberto de palavras que, pelo medo, os dominam. "Possuídos", não conseguem pensar pensamentos diferentes. Qualquer outra palavra pode significar o inferno. As inquisições, católica e protestante, jamais enviaram pessoas para a fogueira por seus pecados morais. Os pecados morais levam o pecador para mais perto da Igreja, pois ela tem o poder de perdoar. Queimados foram aqueles que tiveram pensamentos diferentes: Bruno, Huss, Serveto. Os crimes de pensamento afastam os homens da Igreja. Consequentemente, os afastam de Deus. Quem pensa pensamentos diferentes tem de ser eliminado ou pela fogueira ou pelo silêncio.

Durante muitos anos vivi enfeitiçado por essas palavras. Feitiços não se combatem com a razão. É sempre um beijo de amor que quebra o feitiço... Quem me beijou? Um outro que mora em mim. Porque em mim mora não somente aquele que pensa, mas aquele que sente. Barthes dizia: "Meu corpo não tem as mesmas ideias que eu".* Meu eu pensava as palavras que haviam sido escritas no meu corpo. Mas o meu corpo pensava outras ideias. A verdade do meu corpo era outra. Ele amava demais a vida. Confesso: nunca me senti atraído pelas delícias do céu. E desconheço alguém que morra de amores por ele. Prova disso é que cuidam bem da saúde. Querem continuar por aqui. Conheço, entretanto, pessoas que vivem vidas torturadas por medo do inferno.

Lembro-me, com nítida precisão, do momento em que tive a percepção intelectual que libertou minha razão para pensar. Eu estava no seminário. Repentinamente, com enorme espanto, percebi que todas aquelas palavras que outros haviam escrito no meu corpo não haviam caído do céu. Se não haviam caído do céu, não tinham o direito de estar onde estavam. Eram demônios invasores. Abriram-se-me os olhos e percebi que essa monumental arquitetura de palavras teológicas que se chama teologia cristã se

---

* BARTHES, Roland. *A câmara clara*. Rio de Janeiro: Nova Fronteira, 2015.

constrói, toda, em torno da ideia do inferno. Eliminado o inferno, todos os parafusos lógicos se soltariam, e o grande edifício ruiria. A teologia cristã ortodoxa, católica e protestante – excetuada a dos místicos e hereges –, é uma descrição dos complicados mecanismos inventados por Deus para salvar alguns do inferno, o mais extraordinário desses mecanismos sendo o ato de um Pai implacável que, incapaz de simplesmente perdoar de maneira gratuita (como todo pai humano que ama sabe fazer), mata o próprio Filho na cruz para satisfazer o equilíbrio de sua contabilidade cósmica. É claro que quem imaginou isso nunca foi pai. Na ordem do amor, são sempre os pais que morrem para que o filho viva.

Hoje, as ideias centrais da teologia cristã em que acreditei nada significam para mim: são cascas de cigarra, vazias. Não fazem sentido. Não as entendo. Não as amo. Não posso amar um Pai que mata o Filho para satisfazer sua justiça. Quem pode? Quem acredita?

Mas o curioso é que continuo ligado a essa tradição. Há algo no cristianismo que é parte do meu corpo. Sei que não são as ideias. Que ficou, então?

Foi numa Sexta-Feira da Paixão que compreendi. Uma rádio FM estava transmitindo, o dia inteiro, músicas da tradição religiosa cristã. E eu fiquei lá, assentado, só ouvindo. De repente, uma missa de Bach, e a beleza era tão grande que fiquei possuído e chorei de felicidade: "A beleza enche os olhos d'água" (Adélia Prado). Percebi que aquela beleza era parte de mim. Não poderia jamais ser arrancada do meu corpo. Durante séculos os teólogos, seres cerebrais, se dedicaram a transformar a beleza em discurso racional. A beleza não lhes bastava. Queriam certezas, queriam a verdade. Mas os artistas, seres-coração, sabem que a mais alta forma de verdade é a beleza. Agora, sem a menor vergonha, digo: Sou cristão porque amo a beleza que mora nessa tradição. As ideias? Chiados de estática, ao fundo...

Assim proclamo o único dogma da minha teologia cristã erótico-herética: "Fora da beleza não há salvação...".

PARTE 2

A vontade de Deus

Deus precisa de almas agarradas ao mundo.
O que o agrada é nossa alegria.
Albert Camus

O que Deus quer é ver a gente aprendendo a ser capaz de ficar alegre a mais, no meio da alegria, e inda mais alegre no meio da tristeza!
Guimarães Rosa

Se eu escrevesse aqui um livro de moral, teria cem páginas e noventa e nove estariam em branco.
Na última, escreveria: "Eu apenas conheço um único dever, que é o de amar".
Albert Camus

Sobre a morte e o morrer

Já tive medo da morte. Hoje não tenho mais. O que sinto é uma enorme tristeza. Concordo com Mario Quintana: "Morrer, que me importa? O diabo é deixar de viver".* A vida é tão boa! Não quero ir embora...

Eram seis da manhã. Minha filha me acordou. Ela tinha 3 anos. Fez-me então a pergunta que eu nunca imaginara: "Papai, quando você morrer, você vai sentir saudades?". Emudeci. Não sabia o que dizer. Ela entendeu e veio em meu socorro: "Não chore que eu vou te abraçar...". Ela, menina de 3 anos, sabia que a morte é onde mora a saudade. A montanha encantada dos gansos selvagens.

Cecília Meireles sentia algo parecido:

Pergunto se este mundo existe,
e se, depois que se navega,
a algum lugar, enfim, se chega...

---
* QUINTANA, Mario. *Poesia completa*. São Paulo: Nova Aguilar, 2005.

– O que será, talvez, mais triste.
Nem barca nem gaivota:
somente sobre-humanas companhias...
[...]

Com que mágoa o horizonte avisto...
aproximado e sem recurso.
Que pena, a vida ser só isto!*

Dona Clara era uma velhinha de 95 anos, lá em Minas. Vivia uma religiosidade mansa, sem culpas ou medos. Na cama, cega, a filha lhe lia a Bíblia. De repente ela fez um gesto, interrompendo a leitura. O que tinha a dizer era infinitamente mais importante: "Minha filha, sei que minha hora está chegando... Que pena! A vida é tão boa...".
   Mas tenho muito medo do morrer. O morrer pode vir acompanhado de dores, humilhações, aparelhos e tubos enfiados no meu corpo contra a minha vontade, sem que eu nada possa fazer, porque já não sou dono de mim mesmo. Solidão, ninguém tem coragem ou palavras para, de mãos dadas comigo, falar sobre a minha morte. Medo de que a passagem seja demorada.
   A morte tem de acontecer de forma bela.
   Albert Camus diz que o suicida prepara o suicídio como uma obra de arte. Acho que todos deveriam preparar sua morte como uma obra de arte.
   Bom seria se, depois de anunciada, ela acontecesse de forma mansa e sem dores, longe dos hospitais, em meio às pessoas que se ama, em meio a visões de beleza. Seria possível planejar a própria morte como uma obra de arte?

---
* MEIRELES, op. cit.

Zorba morreu olhando para as montanhas. Uma amiga me disse que quer morrer olhando para o mar. Montanhas e mar – haverá metáforas mais belas para o Grande Mistério? Mas a medicina não entende.

Um amigo contou-me dos últimos dias de seu pai, já bem velho. As dores eram terríveis. Era-lhe insuportável a visão do sofrimento do pai. Dirigiu-se, então, ao médico:

— O senhor não poderia aumentar a dose de analgésicos para que meu pai não sofra?

O médico o olhou com olhar severo e disse:

— O senhor está sugerindo que eu pratique a eutanásia?

Há dores que fazem sentido. Como as dores do parto – uma vida nova está nascendo. Mas há dores que não fazem sentido algum. O velho pai do meu amigo morreu sofrendo uma dor inútil. Qual foi o ganho humano? Que eu saiba, apenas a consciência apaziguada do médico, que dormiu em paz por haver feito aquilo que o costume manda, costume a que frequentemente se dá o nome de ética.

Um outro velhinho querido, 92 anos, cego, surdo, esfíncteres sem controle, estava numa cama, em meio ao fedor de fezes e urina – de repente, um acontecimento feliz! O coração parou. Ah, com certeza foi seu anjo da guarda que assim pôs fim à sua miséria! Aquela parada cardíaca era o último acorde da sonata alegre que fora sua vida. Mas o médico, movido pelos automatismos costumeiros, se apressou a cumprir seu dever: debruçou-se sobre o velhinho e o fez respirar de novo. Sofreu inutilmente por mais dois dias, antes de tocar de novo o acorde final.

Dir-me-ão que é dever dos médicos fazer todo o possível para que a vida continue. Eu também, da minha forma, luto pela vida. A literatura tem o poder de ressuscitar os mortos.

Aprendi com Albert Schweitzer, desde a juventude, que a reverência pela vida é o supremo princípio ético do amor.

Mas o que é a vida? Mais precisamente: O que é a vida de um ser humano? O que e quem a define? O coração que continua a bater dentro de um corpo aparentemente morto? Ou serão os zigue-zagues nos monitores que indicam a presença de ondas cerebrais? Confesso que, na minha experiência de ser humano, nunca me encontrei com a vida sob a forma de batidas de coração ou ondas cerebrais. A vida humana não se define biologicamente. Permanecemos humanos enquanto existe em nós a esperança da beleza e da alegria. Morta a possibilidade de sentir alegria ou gozar a beleza, o corpo se transforma numa casca vazia de cigarra.

Muitos dos chamados "recursos heroicos" para manter vivo um paciente são, do meu ponto de vista, uma violência ao princípio da reverência pela vida. Porque, se os médicos dessem ouvidos ao pedido que a vida está fazendo, a ouviriam dizer: "Liberta-me. Deixa-me ir". A vida deseja descansar.

Comovi-me com o drama do jovem francês Vincent Humbert, de 22 anos, havia três cego, surdo, mudo e tetraplégico, vítima de um acidente automobilístico. Comunicava-se por meio do único dedo que podia movimentar. E foi assim que escreveu um livro em que dizia: "Morri em 24 de setembro de 2000. Desde aquele dia eu não vivo. Me fazem viver. Para quem, para quê, eu não sei". Implorava que lhe dessem o direito de morrer. Como as autoridades, movidas pelo costume e pelas leis, se recusavam, a mãe realizou o desejo do filho – colocou uma mistura de barbitúricos na sonda que o alimentava. A morte o libertou do sofrimento.

Doutor, será que escapo desta?

Doutor, agora que estamos sozinhos, quero lhe fazer uma pergunta: Será que eu escapo desta? Mas, por favor, não responda agora; sei o que o senhor vai dizer. O senhor vai dizer: "Estamos fazendo tudo que é possível para que você viva". Mas não me interessa o que o senhor está fazendo nem o que todos os médicos do mundo estão fazendo. Sou uma pessoa inteligente. Sei a resposta. Sei que vou morrer.

Morrer é difícil. Há a dor da morte e a dor das mentiras. Meus parentes, quando lhes sugiro o tema da morte, logo o evitam: "Tire essa ideia de morte da cabeça. Logo você estará andando de novo...". Tentam enganar-me, por amor. Fico então numa grande solidão. Não há ninguém com quem eu possa conversar honestamente.

As visitas vêm, assentam-se, comentam as coisas do cotidiano. Eu também sorrio delicadamente. É estranho que uma pessoa que está morrendo tenha a obrigação social de ser delicada com as visitas. As coisas sobre as quais falam não me interessam. Estou muito longe, remando minha canoa no grande rio, rumo à terceira margem. Meu tempo é curto. Não posso gastá-lo com banalidades.

Os religiosos não me ajudam. Pretendem saber coisas do outro mundo. Mas o outro mundo não é problema para mim. Se Deus existe, então Deus, que é amor, cuidará dele. Se Deus não existe, então não há por que me preocupar com o outro mundo, porque nada me faltará se eu mesmo faltar. Ah! Como seria bom se as pessoas que me amam me lessem poemas ou ouvissem comigo as músicas que amo. Para mim a beleza é o rosto sensível de Deus.

A proximidade da morte trouxe lucidez aos meus sentimentos. Tristeza, é isso que enche a minha alma. A vida está cheia de tantas coisas boas! Não quero partir...

Doutor, sua missão é lutar contra a morte. Mas a última batalha é sempre perdida. Sei que nas escolas de medicina se ensina sobre a morte como fenômeno biológico. Mas o que lhe ensinaram sobre a morte como experiência humana? O morrer humano não pode ser dito com a linguagem da ciência. A ciência só lida com generalidades. Mas a morte de uma pessoa é um evento único. Minha morte será única no universo! Uma estrela vai se apagar.

Os remédios que o senhor receita são inúteis. O senhor sabe disso. São ilusões para manter acesa a esperança. Mas há um momento na vida em que é preciso perder a esperança. Abandonada a esperança, a luta cessa e vem então a paz.

Mas há algo que os seus remédios podem fazer. Não quero morrer com dor. Nesse ponto, para isso serve a ciência: para me tirar a dor. Muitos médicos se enchem de escrúpulos por medo de que os sedativos matem o doente. Preferem deixá-lo sofrendo a fim de manter limpa e sem pecado a própria consciência. Com isso, eles transformam o fim harmonioso da melodia que é a vida num acorde de gritos desafinados. Somos humanos na medida em que brilha em nós a esperança da alegria. Quando a possibilidade de alegria se vai, é porque a vida humana se foi. Este é o meu último pedido: quero que a minha sonata termine bonita e em paz...

E agora, doutor, me responda: Será que eu escapo desta?

Meditação sobre a pergunta de uma pessoa que vai morrer

A mulher que ia morrer fez a pergunta: "Doutor, será que escapo desta?". Que pensamentos passarão pela cabeça do médico antes de dar sua resposta à pergunta terrível da mulher?

São dois os cenários para a elaboração da resposta. Um deles brota da contemplação das estrelas perfeitas, imutáveis e mortas. A esse cenário os filósofos dão o nome de ética de princípios. O outro surge da contemplação dos jardins imperfeitos e mutáveis – mas vivos –, a que os filósofos dão o nome de ética contextual.

Os jardineiros não olham para as estrelas. Eles nada sabem sobre as estrelas que alguns dizem já ter visto por revelação dos deuses. Como os homens comuns não veem essas estrelas, têm de acreditar na palavra dos que dizem já as ter visto ao longe, muito longe...

Os jardineiros só acreditam no que os seus olhos veem. Pensam a partir da experiência: pegam a terra com as mãos e a cheiram...

A mulher que vai morrer, olhando no fundo dos olhos do médico, pergunta:

— Doutor, será que eu escapo desta?

Que é que o médico vai dizer? Se for adepto da ética estelar de princípios, a resposta será simples. Ele não terá de decidir ou escolher. O princípio é claro: dizer a verdade sempre. A enferma perguntou. A resposta terá de ser a verdade. E ele responderá:

— Não, a senhora não escapará desta. A senhora vai morrer...

Respondeu segundo um princípio invariável para todas as situações.

A lealdade a um princípio o livra de um pensamento perturbador: *O que a verdade vai fazer com o corpo e a alma daquela mulher?* O princípio, sendo absoluto, não leva em consideração o potencial destruidor da verdade.

Mas, se for um jardineiro, ele não se lembrará de nenhum princípio. Só pensará nos olhos suplicantes da mulher que vai morrer. Pensará que a sua palavra terá de produzir a bondade. E ele se perguntará: *Que palavra eu posso dizer que, não sendo um engano – "A senhora em breve estará curada" –, cuidará da mulher como se a palavra fosse um colo que acolhe uma criança?* E ele dirá:

— Você me faz essa pergunta porque está com medo de morrer. Eu também tenho medo de morrer...

Aí, então, os dois conversarão longamente – como se estivessem de mãos dadas... – sobre a morte que haverão de enfrentar. Como sugeriu o apóstolo Paulo, a verdade está subordinada à bondade.

A ética contextual nos obriga a fazer perguntas sobre o bem ou o mal que uma ação vai criar. O uso da camisinha contribuirá para diminuir a incidência da Aids? As pesquisas com células-tronco contribuirão para trazer a cura a uma infinidade de doenças? O aborto de um feto sem cérebro contribuirá para diminuir a dor de uma mulher? O divórcio contribuirá para que homens e mulheres possam recomeçar sua vida afetiva? A eutanásia poderá ser o único caminho para libertar uma pessoa da dor que não a deixará?

Duas éticas. A única pergunta a fazer é: Qual delas está mais a serviço do amor?

Casuística

Deus dá ordens no atacado. Os homens pecam no varejo.
Casuística:

> Exame de casos particulares e cotidianos em que se apresentam dilemas morais, nascidos da contraposição entre regras e leis universais prescritas por doutrinas filosóficas ou religiosas, e as inúmeras circunstâncias concretas que cercam a aplicação prática destes princípios.*

Casuística é isto: traduzir a linguagem do atacado na linguagem do varejo.
Os intérpretes da lei, hebreus, no esforço para garantir que ninguém pecasse no varejo, trataram de trocar os mandamentos

---
* *Dicionário Houaiss de Língua Portuguesa.* Rio de Janeiro: Objetiva, 2009.

em miúdos, nos mínimos detalhes. Veja-se o caso do quarto mandamento do decálogo, que determina que o sétimo dia deve ser santificado: "Lembra-te do dia do sábado, para o santificar. Seis dias trabalharás [...]; mas o sétimo dia é o sábado [...]; não farás trabalho algum [...]" (Ex 20,8-10).

Mas a inteligência do intérprete da lei pergunta: O que é "nenhum trabalho"? Será possível que uma pessoa, inocentemente, faça sem saber algum "trabalho", dessa forma quebrando o mandamento e incorrendo em pecado? Surge um caso concreto: um agricultor, num sábado, leva sua enxada de um lugar para outro. Ele não está trabalhando com a enxada. Está apenas mudando sua localização no espaço. O casuísmo responde: se um outro, que não o dono da enxada, a transportasse de um lugar para outro, estaria trabalhando não como agricultor, mas como transportador. Estaria quebrando o sábado. Logo, quando esse transporte é realizado pelo próprio dono, também há um trabalho que está sendo realizado.

A situação fica clara quando a ferramenta é grande. Mas e no caso de ferramentas minúsculas, como as agulhas, que os alfaiates espetam em sua roupa, ou canetas? Eu, que sou escritor, estarei transgredindo o quarto mandamento ao carregar no bolso, num dia de sábado, uma caneta esferográfica, meu instrumento de trabalho? Ferramenta é ferramenta, grande ou pequena, em uso e fora de uso. Assim, os intérpretes da lei advertem os alfaiates de que, antes do pôr do sol da sexta-feira, quando o sábado se inicia, é preciso examinar meticulosamente suas roupas para ver se alguma agulha não ficou ali esquecida. Um alfaiate que caminha no sábado tendo uma agulha espetada em sua roupa está transgredindo o quarto mandamento, o mesmo valendo para escritores que carregam no bolso sua caneta.

***

Foi um amigo que me contou. Não sei se acredito. Vocês que decidam. Ele estava em Israel fazendo turismo. Aí, ao entrar no elevador, notou que alguém, talvez uma criança, havia apertado os botões de todos os andares. Assim ele subiu, parando em todos os andares intermediários, porque não era possível desapertar os botões. Horas mais tarde, querendo descer, foi até o elevador e viu que a brincadeira se repetira. Todos os botões estavam apertados. Comentou o fato com um amigo que mora lá. O amigo explicou: "Hoje é o *shabat*. Não se pode fazer trabalho algum. Apertar um botão de elevador é um trabalho. Assim, para evitar que os fiéis sejam obrigados a pecar, apertando os botões de seus andares, no *shabat* todos os elevadores são programados para ficar subindo e descendo sem parar, parando em todos os andares. Assim, pode-se subir ou descer sem pecar com a ponta do dedo".

Não sejas demasiado justo

Era um debate na televisão sobre o aborto. A questão não era ser a favor ou contra o aborto. O que se buscava eram diretrizes éticas para se pensar sobre o assunto.

Há um princípio ético absoluto que proíba todos os tipos de aborto, ou o aborto tem de ser pensado caso a caso? Por exemplo, um feto sem cérebro. É certo que ele morrerá ao nascer. Esse não seria um caso para se permitir o aborto, para poupar a mulher do sofrimento de gerar uma coisa morta por nove meses?

Um dos debatedores era um teólogo católico. Como se sabe, a ética católica é a ética dos absolutos, ética das estrelas. Ela não discrimina abortos. Todos os abortos são iguais. Todos os abortos são assassinatos.

Terminando o debate, o teólogo concluiu com esta afirmação: "Nós ficamos com a vida…!".

O mais contundente nessa afirmação está não naquilo que ela diz claramente, mas naquilo que diz sem dizer: "Nós ficamos com a vida. Os outros, que não concordam conosco, ficam com a morte...".

Mas eu não concordo com a posição teológica da Igreja – sou favorável, por razões de amor, ao aborto de um feto sem cérebro – e sustento que o princípio ético supremo é a reverência pela vida.

Lembrei-me do filme *A escolha de Sofia*. Sofia, mãe com seus dois filhos, numa estação ferroviária da Alemanha nazista. Um trem aguarda aqueles que nele serão embarcados para a morte nas câmaras de gás. O guarda que faz a separação olha para Sofia e lhe diz: "Apenas um filho irá com você. O outro embarcará nesse trem...". E aponta para o trem da morte.

Já me imaginei vivendo essa situação: meus dois filhos – como os amo! Eu os seguro pela mão, seus olhos nos meus. A alternativa à minha frente é: ou morre um, ou morrem os dois. Tenho de tomar a decisão. Se me recusasse a decidir pela morte de um, alegando que fico com a vida, os dois seriam embarcados no trem da morte... Qual deles escolherei para morrer? Acho que a ética do teólogo católico não ajudaria Sofia.

Você é médico, diretor de uma UTI que naquele momento está lotada, todos os leitos tomados, todos os recursos esgotados. Chega um acidentado grave, que deve ser socorrido imediatamente para não morrer. Para aceitá-lo, um paciente deverá ser desligado das máquinas que o mantêm vivo. Qual seria sua decisão? Que princípio ético o ajudaria a decidir? Qualquer que fosse sua decisão, por causa dela uma pessoa morreria.

Lembro-me do incêndio do edifício Joelma. Na janela de um andar alto, via-se uma pessoa presa entre as chamas que se aproximavam e o vazio à sua frente. Dentro de poucos minutos, as chamas a transformariam numa fogueira. Para ela, o que significaria afirmar "Eu fico com a vida"? Ela ficou com a vida: lançou-se para a morte.

Ah! Como seria simples se as situações da vida pudessem ser assim colocadas com tanta simplicidade: de um lado a vida, do outro a morte. Se assim fosse, seria fácil optar pela vida. Mas essa encruzilhada simples entre o certo e o errado só acontece nos textos de lógica. O escritor sagrado tinha consciência das armadilhas da justiça em excesso e escreveu: "Não sejas demasiado justo, porque te destruirás a ti mesmo...".

As estrelas brilham no céu, os homens sofrem na terra

Retornamos às eternas estrelas do céu e aos efêmeros jardins da terra... Os que olham para as estrelas dizem possuir a verdade. Mas os que olham para os jardins sabem que tudo que sabem é provisório.

Os olhos da Igreja Católica não veem jardins, só veem estrelas. E é do seu olhar para as estrelas imóveis que ela deseja governar a terra. Já os jardineiros sabem que há muitos jardins diferentes – nenhum deles é verdadeiro, mas todos são belos...

Todos os que pretendem possuir a verdade estão condenados a ser inquisidores. Para explicar esse ponto, vou transcrever um pequeno trecho do filósofo polonês Leszek Kolakowski que tem o título "Em louvor à inconsistência":

> Falo de consistência em apenas um sentido, limitado à correspondência entre o comportamento e o pensamento. Assim,

considero consistente um homem que, possuindo um certo número de conceitos gerais e absolutos, se esforça honestamente em tudo o que faz, em todas as suas opiniões sobre o que deve ser feito, para manter-se na maior concordância possível com aqueles conceitos. Por que deveria qualquer pessoa, inflexivelmente convencida da verdade exclusiva dos seus conceitos relativos a qualquer e a todas as questões, estar pronta a tolerar ideias opostas? Que bem pode ela esperar de uma situação em que cada um é livre para expressar opiniões que, segundo seu julgamento, são patentemente falsas e, portanto, prejudiciais à sociedade? Por que direito deveria ela abster-se de usar quaisquer meios para atingir o alvo que julga correto? Em outras palavras: consistência total equivale, na prática, ao fanatismo, enquanto a inconsistência é a fonte da tolerância...

S.S. Bento XVI acredita que Deus revelou à Igreja Católica e somente a ela a verdade total das estrelas. Segue-se, por necessidade lógica, que todos os homens, indivíduos ou igrejas que têm ideias diferentes das suas estão privados da verdade. O que torna sem sentido os esforços ecumênicos de aproximação entre as igrejas. O ecumenismo é baseado na crença de que Deus, jardineiro supremo, planta muitos jardins diferentes. Mas quem só olha para as estrelas não pode se deleitar com a variedade dos jardins. A Igreja Católica, mãe e mestra de todos, nada tem a aprender.

Segue-se a conclusão ética: compete aos homens encarnar na terra a verdade eterna das estrelas. Aquilo que deve ser feito é decidido não pela análise da situação – que comportamento traria o bem maior ao maior número de pessoas? –, mas pela imitação da perfeição divina.

A Igreja tem horror à experiência. Experiência é conhecimento que cresce da terra – como as plantas. E ela contesta a verdade das estrelas. Roger Bacon (século XIII), precursor da ciência moderna, por haver afirmado que o conhecimento vem pela experiência, amargou quinze anos na prisão. E a luneta de Galileu quase o levou à fogueira...

Assim, as difíceis questões que a experiência moderna coloca – a Aids, a camisinha, o aborto, o divórcio, a inseminação artificial, o uso de células-tronco, a ortotanásia – são como se não existissem. Indiferentes ao sofrimento dos homens, as estrelas decretam os conhecimentos eternos. As estrelas brilham no céu. Os homens sofrem na terra...

Estrelas ou jardins

Fui eu quem levantou a questão do sofrimento dos doentes terminais e, com ela, a difícil questão da eutanásia. Julgo-me, portanto, na obrigação de pensar nelas sob o ângulo da ética.

Ética são os pensamentos que pensamos quando nos encontramos diante de uma situação problemática que nos pergunta: "Que devo fazer para que a minha ação produza o maior bem possível – ou o menor mal possível?".

Essa pergunta pode ser respondida de duas formas diferentes, dependendo da direção do nosso olhar.

Há um olhar que contempla as estrelas e descansa na sua eternidade, perfeição e imutabilidade. Moram nas estrelas os valores éticos que foram criados antes mesmo delas e gozam de sua imutabilidade. Como se fossem "móveis" e "obras de arte" da mansão divina. Quando surge um problema na terra, os olhos procuram a resposta nos céus, morada da verdade eterna de Deus.

Há, entretanto, um outro olhar, que não olha para as estrelas por preferir os jardins. Deus começou a sua obra criando as estrelas, mas terminou-a plantando um jardim... A se acreditar nos poemas sagrados, Deus ama acima de tudo, mais que as estrelas, o jardim. Está escrito: "[...] e Deus passeava pelo jardim ao vento fresco da tarde [...]" (Gn 3,8). Deus ama mais os jardins, porque ama mais a vida que as pedras.

Árvores, arbustos, flores são seres vivos. Neles não há nada que seja permanente. Tudo muda sem parar. Uma folha que estava verde seca e cai. Uma planta que se planta hoje será arrancada amanhã. Um galho onde um pássaro fez um ninho apodrece e tem de ser cortado. O jardim, como a música, tem sua beleza nas constantes e imprevisíveis transformações.

Os astrônomos olham para os céus e podem determinar com precisão a verdade do astro que estão examinando. Os jardineiros olham para o jardim e não podem determinar nada com precisão. Porque a vida não é uma estrela. O jardineiro não olha para as estrelas para decidir o que fazer com seu jardim. Ele observa a paisagem, examina cada uma das plantas – o que foi verdade ontem pode não ser verdade hoje –, vê as transformações, imagina possibilidades não pensadas, cria novos cenários...

A ética da Igreja Católica é a ética dos olhos que examinam as estrelas em busca da perfeição final eterna. Não é por acidente que ela não tenha escolhido como símbolo para si mesma um jardim. Os jardins são seres do tempo. Mudam sem cessar. Nada permanece. Mas a Igreja não convive com mudanças. Por isso, escolheu para si mesma o símbolo do que não muda, da eternidade. Ela escolheu como símbolo uma pedra: Petrus...

A ética angelical

Aprendi sobre a ética dos anjos quando tinha não mais que 7 anos. Eu frequentava (contra a vontade) a escola dominical de uma igreja protestante, uma espécie de aula de catecismo, lá no interior de Minas. Ensinaram-me a cantar e aprendi: "Eu quero ser um anjo, um anjo do bom Deus, e imitar na terra os anjos lá dos céus...".

Cantei mas não acreditei. Eu não queria ser anjo. É chato ser anjo. Eu era um menino. Gostava de ser menino. Não me entrava pela cabeça que Deus, havendo-me criado menino, quisesse que eu fosse anjo. Eu gostava de fazer muitas coisas que os anjos que moravam na minha imaginação jamais fariam: trepar em jabuticabeiras, balançar, andar de carrinho de rolimã, empinar pipa, rodar pião, jogar bolinha de gude, brincar de mocinho e matar muitos bandidos.

Relato esse incidente como ilustração para uma curtíssima meditação que vou fazer sobre uma coincidência que me surpreendeu quando me dei conta dela: S.S. o papa cantaria o mesmo hino comigo, menino! Mais surpreendente ainda: acreditando! Porque esse hino protestante é o resumo da ética angelical católica! Se eu estiver equivocado, sei que algum bispo se apressará em me corrigir, pelo que lhe serei grato. O argumento é simples.

Deus revelou à Igreja Católica, e somente a ela, a verdade sobre o mundo celestial perfeito, onde moram os anjos. Se Deus criou esse mundo celestial perfeito, por oposição ao mundo pecaminoso em que vivemos, segue-se que seu desejo é que os seres humanos "imitem" o mundo celestial. Essa é a razão por que todos os santos têm os olhos piedosamente voltados para cima. São cidadãos de um outro mundo.

Ora, no mundo celestial perfeito, as coisas e ações dos humanos, esses seres "degredados nesse vale de lágrimas", não existem – por ser imperfeitas. Aids, camisinha, aborto, masturbação, divórcio, inseminação artificial, explosão populacional são inexistentes. Por ser inexistentes, não podem ser pensados a não ser como negação de sua existência.

Daí a irredutibilidade da Igreja Católica. Ela não pode pensar diferente. Não é que não queira pensá-los. É que não consegue pensá-los, dadas as premissas de seu pensamento.

Como solução para a Aids e a explosão populacional, ela prescreve a "abstinência sexual". Conselho tolo. Papa, cardeais e teólogos, saibam que tal conselho é inútil.

Quem diz que ele é inútil? A experiência. Experiência é o oposto da revelação. A revelação vem de cima, é divina e completa.

A Igreja raciocina de cima para baixo, dedutivamente. Quem tem a revelação não precisa investigar. A experiência, ao contrário, começa de baixo, é humana, sem certezas. Mas está decretado que pensar a partir da experiência é heresia. Roger Bacon sofreu, assim como o jesuíta Jon Sobrino, nosso contemporâneo, que foi condenado pelo papa a amargar o silêncio até o fim de seus dias...

Enquanto isso, cantemos: "Eu quero ser um anjo...".

Petrus

Faz muitos anos subi ao alto da serra da Boa Esperança, que eu só conhecia pela canção do Lamartine Babo. Lá de cima, vendo o vale que se estendia abaixo, minha imaginação começou a pensar sobre milênios. Havia quanto tempo aquela montanha contemplava o vale? Dez mil anos? Cem mil anos? Aí vi uma pedra branca, testemunha impassível da passagem do tempo, e resolvi trazê-la para o meu escritório. Estou olhando para ela neste momento. Não mudou nada: o mesmo branco-rosa, os mesmos planos de clivagem, a mesma forma. Ficará assim, indefinidamente. Pedras estão fora do tempo. O tempo lhes é uma realidade exterior: o vento que sopra, a água que corre... São imutáveis, sempre as mesmas, porque estão mortas.

Trouxe, junto com a pedra, umas plantinhas. Não vingaram. Estranharam a minha casa. Plantas estranham o ambiente. Gostam ou não gostam dele. Verdejam ou secam. Diferentemente das pedras, que não estranham nada. Para as pedras tudo é igual. Indiferentes ao mundo que as cerca. São sempre as mesmas. Porque estão mortas. As plantas estão vivas. Porque estão vivas, as plantas estão sempre se transformando numa outra coisa, diferente do que são. A vida não suporta a mesmice. Nascer, crescer, envelhecer, reproduzir. Nenhuma planta é igual a si mesma num momento subsequente de tempo. As pedras nem nascem, nem crescem, nem envelhecem, nem se reproduzem. São eternas. São sempre as mesmas. Mortas.

A vida tem horror à mesmice. Um amigo, cientista especialista em bambus, me emprestou um livro-arte maravilhoso sobre essa planta. Aprendi que os bambus florescem. Espantei-me. Nunca vi um bambu florido. Bambus, pelo que eu pensava saber, se reproduzem assexuadamente: a planta-mãe vai soltando brotos iguais a si mesma. Mas o livro me disse que, em períodos aproximados de cem anos, uma mesma espécie de bambu floresce no mundo inteiro. Depois da orgia sexual, da troca de genes, da ejaculação de sementes, morrem os bambus. Os novos nascerão das sementes. Não serão mais os mesmos que eram. Porque a semente é precisamente isto: a vida se recusando a ser a mesma; a vida sabendo que, para continuar viva, precisa deixar de ser o que era para vir a ser uma outra coisa. Se não houver a mistura de genes, se a planta quiser ficar sempre a mesma, ela se degenera. É preciso deixar de ser o mesmo e se transformar em outro. Vale para as plantas a sabedoria evangélica: "Quem quiser salvar sua vida perdê-la-á". Quem permanecer o mesmo morrerá. Ou se transformará numa pedra. Na procriação existe sempre um pouco de morte. "Morre e transforma-te!", dizia Goethe. "Somente onde há sepulturas há também ressurreições",* dizia Nietzsche. "Se o grão de trigo, caindo na terra, não morrer, fica ele só. Mas, se morrer, dá muito fruto" (Jo 12,24), dizia Jesus.

> Casca vazia.
> A cigarra
> cantou-se toda.

Haicai, se não me engano, de Bashô. Antes da casca vazia, a cigarra cantava canções subterrâneas – a vida acontecia nas profundezas da terra. Mas, de repente, a vida tornou-se outra. A cigarra subterrânea começou a sonhar sonhos de ar livre e voos. Saiu da terra. Sua casca não era mais capaz de suportar a vida que crescia dentro dela. Arrebentou. E dela surgiu um outro ser, alado, pneumático. Nós, seres humanos, somos como as cigarras. Só que nossas cascas são feitas com palavras. Crescendo a vida, as cascas verbais se transformam em prisões. Têm de ser abandonadas, para que a vida continue. "A serpente que não pode livrar-se de sua pele morre. Assim são os espíritos que são impedidos de mudar suas opiniões. Eles cessam de ser espírito" – aforismo de Nietzsche.

O ecumenismo foi uma florescência de bambus: o desejo de fazer trocas, depois de séculos, o desejo de transformar-se em semente, de cair na terra, de deixar de ser o que era para ser outra coisa. Possibilidade de "nascer de novo" – o velho voltando a ser criança...

---

* NIETZSCHE, Friederich. *Assim falou Zaralustra: um livro para todos e para ninguém*. São Paulo: Companhia de Bolso, 2018.

Mas, agora, o Vaticano reafirma sua imutabilidade pétrea, sua mesmice, a eternidade de sua casca de palavras: *"Quod semper, ubique et ab omnibus creditum est"*. Entre Heráclito e Parmênides, os teólogos oficiais católicos canonizaram Parmênides... Entre a semente e a pedra, reafirmaram a pedra. Os bambus estão proibidos de florir. Para que florir? É desnecessário. A Igreja possui a verdade toda. Não precisa dos outros. Proibido está o jogo de trocar sementes. Diálogo, só para que os outros sejam convertidos à sua verdade. Por que ouvir o outro, se possuo a verdade toda? Por que permitir que o outro fale, se aquilo que ele fala só pode ser mentira? Todos os que pretendem possuir a verdade estão condenados a ser inquisidores. Assim, sobre todas as sementes se coloca a maldição do silêncio, obsequioso...

Num pequeno lugar do sul de Minas, Pocinhos do Rio Verde, há um pico de pedra bruta, a Pedra Branca. Para se chegar ao alto, passa-se por um bosque com regatos e poços de água cristalina. Saindo do bosque, é a pedra bruta, trabalhada pelo vento e pela água, através dos milênios. Triunfo da pedra? Em pedras não se plantam flores. A despeito disso, a vida foi colocando matéria orgânica nas gretas e depressões. E o que se vê é um jardim: musgos, orquídeas, bromélias, avencas. Fosse a pedra só, seria desolação, deserto. Mas a vida cresceu sobre ela – e vieram os pássaros, as borboletas, as abelhas, os pequenos animais. Coitada da pedra! É inútil reclamar. A vida e a beleza crescem sobre ela, a despeito de sua mesmice pétrea. As sementes – frágeis – são mais fortes que a pedra – dura.

Compreendi, então, coisa que nunca havia compreendido: as razões por que a Igreja Católica escolheu para si mesma o símbolo Petrus – "Tu és pedra...". De fato, ela é pedra. Casca de cigarra sobre o tronco da árvore que continua a afirmar a si mesma, a viver de memórias da vida que foi um dia e que agora é morte. Não se dá conta de que a vida saiu e voou. Compreendi, também, as razões de sua dificuldade em lidar com tudo que seja semente – sêmen, o líquido do prazer que faz com que a vida nasça outra.

Na estória de Ló e sua mulher, fugindo de Gomorra, está dito que Deus os advertiu a não olhar para trás. A mulher de Ló desobedeceu. Olhou para trás. Transformou-se numa estátua, pedra de sal. O vento e a chuva levaram o sal. A estátua desapareceu. Esta é a tragédia das pedras: pensam ser eternas. Não sabem que são sal. O tempo faz seu trabalho. A areia da praia um dia foi pedra...

O direito de morrer sem dor

Sempre que se fala em eutanásia, seus opositores invocam razões éticas e teológicas. Dizem que a vida é dada por Deus e que, portanto, somente Deus tem o direito de tirá-la. Eutanásia envolve matar uma pessoa, e há um mandamento que proíbe que isso seja feito. Assim, em nome de princípios universais, permite-se que a pessoa morra em meio ao maior sofrimento.

Pois eu afirmo: sou a favor da eutanásia por motivos éticos. Albert Camus, numa frase bem curta, disse que, se fosse escrever um livro sobre moral, 99 páginas estariam em branco, e na última estaria escrito: "Eu apenas conheço um único dever, que é o de amar".

Todos os princípios éticos que possam ser inventados por teólogos e filósofos caem por terra diante desta pequena palavra: "amor". Deus é amor. Amar, segundo os textos sagrados, é fazer aos outros aquilo que desejaríamos que fosse feito conosco numa situação semelhante.

Amo os cães e já tive dezenas. Muitos deles eu mesmo levei ao veterinário para que lhes fosse dado o alívio para seu sofrimento. Fiz isso porque os amava, eram meus amigos, queria o seu bem. E gostaria que fizessem o mesmo comigo, se estivesse na sua situação de sofrimento.

Defender a vida a todo custo! De acordo. É a filosofia de Albert Schweitzer e de Mahatma Gandhi: reverência pela vida. Tudo que vive é sagrado e deve ser protegido.

Mas o que é a vida? Um materialismo científico grosseiro define a vida em função de batidas cardíacas e ondas cerebrais.

Mas será isso a vida? Ouço os bem-te-vis cantando: eles estão louvando a beleza da vida. Vejo as crianças brincando: elas estão gozando as alegrias da vida. Vejo os namorados se beijando: eles estão experimentando os prazeres da vida. Que tudo se faça para que a vida se exprima na exuberância de sua felicidade! Para isso todos os esforços devem ser feitos.

Mas eu pergunto: A vida não será como a música? Uma música sem fim seria insuportável. Toda música quer morrer. A morte é parte da beleza da música. A manga pendente num galho, tão linda, tão vermelha. Mas o tempo chega quando ela quer morrer. A criança brinca o dia inteiro. Chegada a noite, ela está cansada. Quer dormir. Que crueldade seria impedir que a criança dormisse quando seu corpo quer dormir.

A vida não pode ser medida por batidas do coração ou ondas elétricas. Como um instrumento musical, a vida só vale a pena ser vivida enquanto o corpo for capaz de produzir música, ainda que seja a de um simples sorriso.

Admitamos, para efeito de argumentação, que a vida é dada por Deus e que somente Deus tem o direito de tirá-la. Qualquer intervenção mecânica ou química que tenha por objetivo fazer com que a vida dê seu acorde final seria pecado, assassinato.

Vamos levar o argumento às últimas consequências: se Deus é o senhor da vida e também o senhor da morte, qualquer coisa que se faça para impedir a morte, que aconteceria inevitavelmente se o corpo fosse entregue à vontade de Deus, sem os artifícios humanos para prolongá-la, seria também uma transgressão da vontade divina, finar a vida artificialmente seria tão pecaminoso quanto impedir a morte artificialmente – porque se trata de intromissões dos homens na ordem natural das coisas determinada por Deus.

A vida, esgotada a alegria, deseja morrer. O que eu desejo para mim é que as pessoas que me amam me amem do jeito que amo meus cachorros.

Quero propor que se acrescente à Declaração dos Direitos Humanos um direito que julgo essencial: "Tudo que vive tem o direito de morrer sem dor". Esse direito se baseia no segundo princípio ético, segundo Jesus: "Amarás a teu próximo como a ti mesmo" (Mt, 19,19).

Ética e trapaça

O sociólogo Peter Berger escreveu um livrinho delicioso: *Introdução à sociologia*.* Um dos capítulos tem um título estranho: "Como trapacear e se manter ético ao mesmo tempo". Estranho à primeira vista. Mas logo se percebe que na política, como na religião, é de suma importância juntar ética e trapaça. Para explicar, vou contar uma historieta.

Havia numa cidade dos Estados Unidos uma Igreja Batista. Os batistas, como se sabe, são um ramo do cristianismo muito rigoroso em seus princípios éticos. Havia na mesma cidade uma fábrica de cerveja que, para a Igreja Batista, era a vanguarda de Satanás. O pastor não poupava a fábrica de cerveja em suas pregações. Aconteceu, entretanto, que por razões pouco esclarecidas

---

* BERGER, Peter L. *Invitation to Sociology: A Humanistic Perspective*. Nova York: Open Road Media, 2011.

a fábrica de cerveja fez uma doação de 500 mil dólares para a dita igreja. Foi um auê. Os membros mais ortodoxos da igreja foram unânimes em denunciar aquela quantia como dinheiro do Diabo que não poderia ser aceito. Mas, passada a exaltação dos primeiros dias, acalmados os ânimos, os mais ponderados começaram a analisar os benefícios que aquele dinheiro poderia trazer: uma pintura nova para a igreja, um órgão de tubos, jardins mais bonitos, um salão social para festas. Reuniu-se então a igreja em assembleia para a decisão democrática. Depois de muita discussão, registrou-se a seguinte decisão no livro de atas: "A Igreja Batista Betel resolve aceitar a oferta de 500 mil dólares feita pela cervejaria na firme convicção de que o Diabo ficará furioso quando souber que seu dinheiro vai ser usado para a glória de Deus".

* * *

Fui sabatinado por quatro jornalistas da *Folha de S.Paulo* e por aqueles que estavam no teatro. Dos ouvintes, veio-me uma pergunta: "Você acredita em Deus?". Como a pergunta era vaga, perguntei: "Qual Deus?". O perguntador ficou atrapalhado. Expliquei: "Porque há muitos deuses, cada um com a cara e o coração daquele que o tem dentro do peito. O Deus de São Francisco não era o Deus de Torquemada. São Francisco usava o fogo sagrado para aquecer a alma, Torquemada usava o fogo sagrado para churrasquear hereges. As fogueiras eram a diversão do povo". A pessoa não soube me esclarecer. Aí eu tomei a iniciativa e confessei: "Sou um construtor de altares. Construo meus altares com poesia e música. Eu os construo na beira de um abismo profundo, escuro e silencioso...".

Parte 3

Hipocrisias mundanas

Os homens não querem Deus. O que eles querem é o milagre.
Dostoiévski

Deus nos deu asas. As religiões inventaram as gaiolas.
Rubem Alves

Fui andar pelo Jardim do Amor,
e o que vi não era esperado:
Vi uma Capela onde antes
Eu brincava no gramado.

Fechado estava o seu portão
E sobre ele estava escrito "Interditado".
Para o Jardim do Amor corri então
Onde antes tantas flores floresciam.

Mas encontrei, ao invés das flores, sepulturas
E lápides frias espalhadas.
Sacerdotes em vestes negras vigiavam
E com espinhos risos e alegrias amarravam.
William Blake

Sobre deuses e rezas

Perdida no meio dos viajantes que enchiam o aeroporto, ela era uma figura destoante. A roupa largada, os passos pesados, uma sacola de plástico pendurada numa das mãos – esses sinais diziam que ela não mais ligava para sua condição de mulher: não se importava com ser bonita. Pensei mesmo que se tratava de uma freira. Seu comportamento era curioso: dirigia-se às pessoas, falava por alguns momentos e, como não lhe prestassem atenção, procurava outras com quem falar. Quando vi que tinha uma Bíblia na mão, compreendi tudo: ela se imaginava possuidora de conhecimentos sobre Deus que os outros não possuíam e tratava de salvar-lhes a alma.

Meu caminho me obrigou a passar perto dela – e, quando olhei de perto para o seu rosto, levei um susto: eu o reconheci de outros tempos, quando era uma moça bonita que ria e brincava e para quem olhávamos com olhares de cobiça.

Não resisti e chamei alto o seu nome. Ela se espantou, olhou-me com um olhar interrogativo, não me reconheceu. Com razão. Os muitos anos deixam suas marcas no rosto.

— Eu sou o Rubem!

Seu rosto se iluminou pela lembrança, sorriu, e pensei que poderíamos nos assentar e conversar sobre a vida. Mas sua preocupação com a minha alma não permitia essas perdas de tempo com conversa fiada. E ela tratou de verificar se o meu passaporte para a eternidade estava em ordem:

— Você continua firme na fé?

— Mas de jeito nenhum. Então você deixou de ler a Bíblia? Pois lá está dito que Deus é espírito, vento impetuoso que sopra em todo lugar, o mesmo vento que ele soprou dentro da gente para que respirássemos, fôssemos leves e pudéssemos voar. Quem está no vento não pode estar firme. Firmes são as pedras, as tartarugas, as âncoras. Você já viu uma pipa firme? Pipa firme é pipa no chão, não voa. Pois eu estou mais é como urubu, lá nas alturas, flutuando ao sabor do imprevisível Vento Sagrado, sem firmeza alguma, rodando em largos círculos.

Ela ficou perdida – acho que nunca havia ouvido resposta tão estranha. Mudou de tática e tentou pegar a minha alma do outro lado. Desatou a falar de Deus, informou-me que ele é maravilhoso etc. etc. etc., como se estivesse no púlpito em celebração de domingo.

Refuguei e disse:

— Acho que quem não está firme em Deus é você. Olha, passei a noite toda respirando, estou respirando desde que acordei, e juro que agora é a primeira vez que penso no ar. Não pensei nem falei no ar porque somos bons amigos. Ele entra e sai do meu corpo quando quer, sem pedir licença. Mas a história seria outra se eu estivesse com asma, os brônquios apertados, o ar sem jeito de entrar, ou como naquele anúncio antigo do xarope Bromil, o coitado do homem sufocado por uma mordaça, gritando pelo ar que lhe faltava. Por via das dúvidas, até andaria com uma garrafa de oxigênio na bagagem, para qualquer emergência.

E continuei:

— Pois Deus é como o ar. Quando a gente está em boas relações com ele, não é preciso falar. Mas, quando a gente está atacado de asma, então é preciso ficar gritando pelo nome dele. Do jeito como o asmático invoca o ar. Quem fala com Deus o tempo todo é asmático espiritual. E é por isso que anda sempre com Deus engarrafado na Bíblia e em outros livros e coisas de função parecida. Só que o vento não pode ser engarrafado...

Aí ela viu que minha alma estava perdida mesmo e, como consolo, fez um sinal de adeus e disse que oraria muito por mim. Então eu protestei, implorei que não o fizesse. Disse-lhe que eu tinha medo de que Deus ficasse ofendido. Pois há rezas e orações que são ofensas. É óbvio: se vou lá, bater às portas de Deus, pedindo que ele tenha dó de alguém, estou lhe imputando duas imperfeições que, se fosse comigo, me deixariam muito bravo.

Primeiro, estou dizendo que não acredito no amor dele. Deve ser meio fraquinho, sem iniciativa, preguiçoso, à espera do meu cutucão. Se eu não der a minha cutucada, Deus não se mexe. E isso não é coisa de ofender Deus? Segundo, estou sugerindo que ele deve andar meio esquecido, desmemoriado, necessitando de um secretário que lhe lembre suas obrigações. E trato de, diariamente, apresentar-lhe a sua agenda de trabalho. Mas está lá, nos salmos e nos evangelhos, que Deus sabe tudo antes que a gente fale qualquer coisa. Ora, se a gente fica no falatório, é porque não acredita nisso. Não acredito em oração em que a gente fala e Deus escuta. Acredito mesmo é na oração em que a gente fica quieto para ouvir a voz que se faz ouvir no meio do silêncio.

Voltei à minha amiga:

— Veja você. Tenho um filho que estudava longe. Eu gostava dele. Ele gostava de mim. De vez em quando a gente se falava ao telefone. E o dinheiro da mesada ia sempre, com ou sem telefonema. Agora imagine: de repente começo a receber telefonemas dele três vezes por dia e mensagens por Sedex, cartas e telegramas louvando o meu amor, agradecendo a minha generosidade... Você acha que isso me faria feliz? De jeito nenhum. Concluiria que o meu pobre filho havia endoidecido e estava acometido de um terrível medo de que eu o abandonasse. Pois é assim mesmo com Deus: quem fica o dia inteiro atrás dele, com falatório, é porque desconfia dele. Mas o pior é o gosto estético que assim se imputa a Deus. Uma pessoa que gosta de passar o dia inteiro ouvindo os outros repetirem as mesmas coisas, as mesmas palavras, as mesmas rezas, pela eternidade afora, não deve ser muito boa da cabeça. Para mim isso é o inferno. Quem reza demais acha que Deus não funciona bem da cabeça. Acho que ele ficaria mais feliz se, em vez do meu falatório, eu lhe oferecesse uma sonata de Mozart ou um poema da Adélia...

Mas aí o alto-falante chamou o meu voo, tive de me despedir, e imagino que ela tenha ficado aflita, temerosa de que Deus derrubasse o meu avião com um raio. Mal sabia ela que Deus nem mesmo havia ouvido a nossa conversa, pois, cansado das doidices dos adultos, ele foge sempre que vê dois deles conversando e se esconde, disfarçado de criança.

Será que vou rezar?

Sou um admirador de Gandhi. Cheguei mesmo a escrever um livro sobre ele. Estou planejando convocar os amigos para uma homenagem póstuma a esse grande líder pacifista e vegetariano. Pensei que uma boa maneira de homenageá-lo seria um evento numa churrascaria – todo mundo gosta de churrasco –, um delicado rodízio com carnes variadas, picanhas, filés, costelas, cupins, fraldinhas, linguiças, salsichas, paios, galetos e muito chope. O grande líder merece ser lembrado e festejado com muita comilança e barriga cheia!

Eu não fiquei doido. O que fiz foi usar de um artifício lógico chamado *reductio ad absurdum*, que consiste no seguinte: para provar a verdade de uma proposição, eu mostro os absurdos que se seguiriam se o seu contrário, e não ela, fosse verdadeiro.

Demonstrei o absurdo de celebrar um líder vegetariano de hábitos frugais com um churrasco.

Uma homenagem tem de estar em harmonia com a pessoa homenageada para torná-la presente entre aqueles que a celebram. Uma refeição, sim. Mas pouca comida. Comer pouco é uma forma de demonstrar nosso respeito pela natureza. Alface, cenoura, azeitonas, pães – e água.

Escrevo com antecedência, hoje, 27 de novembro, quase um mês antes, para que vocês celebrem direito. A celebração há de trazer de novo à memória o evento celebrado.

É uma cena: numa estrebaria, uma criancinha acaba de nascer. Sua mãe a colocou numa manjedoura, cocho onde se põe comida para os animais. As vacas mastigam sem parar, ruminando. Ouve-se um galo que canta e os violinos dos grilos – música suave... No meio dos animais tudo é tranquilo. Os campos estão cobertos de vaga-lumes que piscam chamados de amor. E no céu brilha uma estrela diferente. Que estará ela anunciando com suas cores? O nascimento de um Deus?

É. O nascimento de um Deus. Deus é uma criança. O nascimento do Deus criança só pode ser celebrado com coisas mansas. Mansas e pobres. Os pobres, em seu despojamento, devem poder celebrar. Não é preciso muito.

Um poema que se lê. Alberto Caeiro escreveu um poema que faria José e Maria, os pais do menininho, rirem de felicidade:

Num meio-dia de fim de primavera
Tive um sonho como uma fotografia.
Vi Jesus Cristo descer à terra.

Veio pela encosta de um monte
Tornado outra vez menino
[...]
Tinha fugido do céu.*

Longo, merece ser lido inteiro, bem devagar...

Uma canção que se canta. Das antigas. Tem de ser das antigas. Para convocar a saudade. É a saudade que traz para dentro da sala a cena que aconteceu longe. Sem saudade o milagre não acontece.

Algo para comer. O que é que José e Maria teriam comido naquela noite? Um pedaço de queijo, nozes, vinho, pão velho, uma caneca de leite tirado na hora. E deram graças a Deus.

E é preciso que se fale em voz baixa. Para não acordar a criança.

Naquela mesma noite, havia uma outra celebração no palácio de Herodes, o cruel. Ele tinha medo das crianças e mataria todas se assim o desejasse. A mesa do banquete estava posta: leitões assados, linguiças, bolos e muito vinho... Os músicos tocavam, as dançarinas rodopiavam. Grande era a orgia.

É. Cada um celebra o que escolhe. Acho que vou fazer uma sopa de fubá, que tomarei com pimenta e torradas. E lerei poemas e ouvirei música. E farei silêncio quando chegar a meia-noite e, quem sabe, rezarei.

---

* PESSOA, op. cit.

"Seu destino é o sucesso..."

O Antigo Testamento é cortado por uma briga entre dois grupos: os profetas e os falsos profetas. Os profetas viam as feridas e espremiam seu pus fedorento. Os falsos profetas viam as feridas, mas sabiam que os feridentos não gostavam de mostrá-las. Assim, em vez de espremer as feridas, besuntavam-nas com mel perfumado e diziam: "Está tudo bem!". O povo amava os falsos profetas e odiava os profetas.

Os falsos profetas continuam em pleno exercício. Escrevem livros, anunciam as ilusões do coração como se fossem verdades e estão sempre na lista dos *best-sellers*.

Um deles me disse que "o meu destino é ser vitorioso". Que bom! Isso está predeterminado desde antes do meu nascimento. Nasci de uma vitória numa maratona – mais de 200 milhões de espermatozoides correram. Um só foi vitorioso: aquele de que nasci! E essa verdade vale para todos, os párias, os refugiados, os marginais, os mendigos, os criminosos, os escravos, porque todos eles, como eu, nasceram da vitória de um espermatozoide.

"Você é insubstituível!" Sou? Isso faz bem ao meu coração!... Aí me lembro das palavras de um profeta de verdade, Fernando Pessoa, que nunca foi *best-seller*.

Fazes falta? Ó sombra fútil chamada gente!
Ninguém faz falta; não fazes falta a ninguém...
Sem ti correrá tudo sem ti.
Talvez seja pior para outros existires que matares-te...
Talvez peses mais durando, que deixando de durar...*

Um outro anunciava: "O seu lugar é o pódio". Que maravilhosa mensagem a ser transmitida a todos os atletas das Olimpíadas! Cada um deles está destinado ao pódio! Pódios para todos! Todas as competições deverão terminar empatadas!

A capa do livro diz que não devo desistir dos meus sonhos. Mas eu já sonhei tanta coisa boba e impossível! Sonhei que seria um pianista e trabalhei muito para sê-lo... Mas não adianta que gato sonhe voar. Um gato jamais será um pássaro. Não seria mais sábio que ele sonhasse com ratos gordos?

Os terroristas não desistem dos seus sonhos. Sonham que vão se explodir para matar os inimigos. E se explodem, realizando seu sonho...

Outdoor religioso dizia: "Você nasceu para vencer". A religião garante sucesso. O empresário que tem Jesus no coração vence

---
* CAMPOS, op. cit.

sempre. Jesus no coração é seguro contra falência... Jesus morreu na cruz para nos tornar empresários bem-sucedidos. E, se você não é um vitorioso, saiba que a culpa é sua: não tem Jesus no coração... O que é vencer na vida? Mike Tyson foi um vitorioso. Eu amo aqueles que, por amor à verdade, aceitam a derrota.

Os religiosos invocam Deus para realizar seus desejos. Agora quem faz milagres é a literatura de autoajuda, a nova religião.

O segredo é simples. No universo tudo acontece pelo poder da atração. É lei da física. Tudo é ímã, tudo atrai e é atraído. Nós também somos ímãs. O que temos é aquilo que atraímos. Atraímos dinheiro ou pobreza, saúde ou câncer, amor ou solidão.

A questão é atrair as coisas certas. O pensamento positivo faz atrair as coisas certas. E o milagre acontece! Como atrair as coisas certas? Compre o livro *O segredo* que você saberá. É mesmo possível que você já o tenha comprado e já esteja a caminho do sucesso...

A praga

É bom atentar para o que o papa diz. Porta-voz de Deus na terra, ele só pensa pensamentos divinos. Nós, homens tolos, gastamos o tempo pensando sobre coisas sem importância, tais como o efeito estufa e a possibilidade do fim do mundo. O papa vai direto ao que é essencial: "O segundo casamento é uma praga!".

Está certo. O casamento não pertence à ordem abençoada do paraíso. No paraíso não havia casamento. Na Bíblia não há indicação alguma de que as relações amorosas entre Adão e Eva tenham sido precedidas pelo cerimonial a que hoje se dá o nome de casamento – o Criador, celebrante, Adão e Eva nus, de pé, diante de uma assembleia de animais, tudo terminando com as palavras sacramentais: "E eu, Jeová, vos declaro marido e mulher. Aquilo que eu ajuntei os homens não podem separar…"

Os casamentos, o primeiro, o segundo, o terceiro, pertencem à ordem maldita, caída, praguejada, pós-paraíso. Nessa ordem não se pode confiar no amor. Por isso se inventou o casamento, esse contrato de prestação de serviços entre marido e mulher, testemunhado por padrinhos, cuja função é, no caso de algum dos cônjuges não cumprir o contrato, obrigá-lo a cumprir.

Foi um padre que me ensinou isso. Ele celebrava o casamento. E foi isso que disse aos noivos: "O que vos une não é o amor. O que vos une é o contrato". Aprendi então que o casamento não é uma celebração do amor. É o estabelecimento de direitos e deveres. Até as relações sexuais são obrigações que devem ser cumpridas.

Agora imaginem um homem e uma mulher que muito se amam: são ternos, amigos, fazem amor, geram filhos. Mas, segundo a Igreja, estão em estado de pecado: falta ao seu relacionamento o selo eclesiástico legitimador. Ele, divorciado da antiga esposa, não pode se casar de novo porque a Igreja proíbe a praga do segundo casamento. Aí os dois, já no fim da vida, são obrigados a se separar para participar da eucaristia: cada um para um lado, adeus aos gestos de ternura... Agora está tudo nos conformes. Porque Deus não enxerga o amor. Ele só vê o selo eclesial.

O papa está certo. O segundo casamento é uma praga. Eu, como já disse, acho que todos são uma praga, por não ser da ordem paradisíaca, mas da ordem da maldição. O símbolo dessa maldição está na palavra "conjúgio" (casamento), do latim *con* = junto e *jugum* = canga. Canga, aquela peça pesada de madeira que une dois bois. Eles não querem estar juntos. Mas a canga os obriga, sob a pena do ferrão...

Por que o segundo casamento é uma praga? Porque, para havê-lo, é preciso que o primeiro seja anulado pelo divórcio. Mas, se a Igreja admitir a anulação do primeiro casamento, terá de admitir também que o sacramento que o realizou não é aquilo que ela afirma ser: um ato realizado pelo próprio Deus. Permitir o divórcio equivale a dizer que o sacramento é uma balela. Donde a Igreja é uma balela... Com o divórcio, ela seria rebaixada de seu lugar infalível e passaria a ser apenas mais uma instituição falível entre outras. A Igreja não admite o divórcio não por amor à família. Mas para manter-se divina...

A Igreja, sábia, tratou de livrar seus funcionários da maldição do amor. Proibiu-os de se casar. Livres da maldição do casamento, os sacerdotes têm a suprema felicidade de noites de solidão, sem conversas, sem abraços nem beijos. Estão livres da praga...

O grande mistério

Ah! Tanta gente quer saber se acredito em Deus! Mas eu não entendo a pergunta, porque não sei o que elas querem dizer com essa palavra "acreditar". E se eu respondesse elas receberiam apenas uma mentira, embora eu tivesse falado a verdade.

As palavras são enganosas... Palavras são bolsos, bolsos vazios. À medida que a gente vai vivendo, vai pondo coisas dentro do bolso. O bolso que tem o nome Deus fica cheio das quinquilharias que catamos pela vida.

Assim, quando falamos sobre Deus, não falamos sobre Deus. Falamos é sobre as coisas que guardamos dentro desse bolso. Então, se eu respondesse "Acredito em Deus", a outra pessoa se enganaria pensando que dentro do meu bolso eu guardo as mesmas coisas que ela guarda no dela. E concluiria mais: que sou uma boa pessoa. Mas, se eu tivesse dito que não acredito em Deus, ela concluiria que não sou uma boa pessoa.

Uma sugestão: vejam o filme *A língua das mariposas*. Ele se passa ao fim da Guerra Civil Espanhola, quando o ditador se pôs a matar seus inimigos derrotados. Não importava que nada tivessem feito, que não tivessem disparado um tiro. Eles eram culpados de pensar diferente. Os soldados haviam chegado a uma aldeia e todos os diferentes (eles não iam à missa) estavam sendo presos para o fuzilamento. A aldeia inteira assistia às prisões daqueles que até a véspera tinham sido seus amigos. O padre sabia e, ao lado dos fuzis, se preparava para a absolvição dos pecados... E a acusação suprema de impiedade que era lançada contra os caminhantes, "dali a pouco cadáveres", era: "Ateus!" Mas o que importava mesmo era que o generalíssimo Franco acreditava em Deus e era católico de comunhão diária... Muitas pessoas guardam mortes no bolso que tem o nome de Deus.

"Acreditar", no sentido comum que as religiões dão a essa palavra, refere-se a entidades que ninguém jamais viu, tais como anjos, pecados, santos, milagres, castigos divinos, inferno, céu, purgatório... No meu bolso sagrado, "acreditar" é palavra que não entra. Ele está cheio é de palavras que têm a ver com amor, mesmo que o objeto do meu amor não exista. Lembro-me das palavras de Valéry: "Que seria de nós sem o socorro das coisas que não existem?". Muitas coisas que não existem têm poder...

Eu amo a beleza da natureza, da música, de um poema. Amo a beleza das palavras de amor que os apaixonados trocam. Uma criança adormecida é, para mim, uma revelação, uma ocasião de espanto. Acho que Bachelard adoraria nos mesmos altares que eu:

"A inquietação que temos pela criança", ele escreveu, "sustenta uma coragem invencível".* Uma criança é um pequeno deus.

Para mim a beleza é sagrada porque, ao experimentá-la, eu me sinto possuído pelo Grande Mistério que nos cerca. Sinto-me como uma aranha que constrói sua teia sobre o abismo. O abismo está à volta de nós, o abismo está dentro de nós. Os fios da minha teia, eu os tiro de dentro de mim, são partes do meu corpo. Teço minha teia com poesia e música.

De Deus só temos a suspeita. A beleza é a sombra de Deus no mundo. Sobre ele – ou ela – deve-se calar, muito embora as religiões sejam por demais tagarelas a seu respeito, havendo mesmo algumas que se acreditam possuidoras do monopólio das palavras certas – a que dão o nome de dogmas.

Estou de acordo com Alberto Caeiro:

Pensar em Deus é desobedecer a Deus,
Porque Deus quis que o não conhecêssemos.

Se ele quisesse que eu acreditasse nele,
Sem dúvida que viria falar comigo
E entraria pela minha porta dentro
Dizendo-me, *Aqui estou!***

E de acordo também estou com Walt Whitman:

---

* BACHELARD, Gaston. A poética do devaneio. São Paulo: WMF Martins Fontes, 2018.
** PESSOA, op. cit.

E à raça humana eu digo:
— Não seja curiosa a respeito de Deus,
pois eu sou curioso sobre todas as coisas
e não sou curioso a respeito de Deus.
(Não há palavra capaz de dizer
quanto eu me sinto em paz
perante Deus e a morte.)
Escuto e vejo Deus em todos os objetos,
embora de Deus mesmo eu não entenda
nem um pouquinho.

Já percebi
que estar com aqueles de quem eu gosto
é quanto basta.

Buber concordaria. Estar junto é divino. Deus mora nos intervalos entre as pessoas que se amam.

Eu nem tenho mais o bolso com o nome Deus. Esse nome se presta a muitas confusões. Muitos bolsos com esse nome estão cheios de escorpiões e vinganças.

Amo a sombra de Deus. Mas ele mesmo nunca vi. Sou um ser humano limitado. Só sou capaz de amar as coisas que vejo, ouço, abraço, beijo...

Tenho um bolso com o nome de O Grande Mistério. Mas não sei o que está dentro dele. Por vezes suspeito que é o meu coração...

Senhor bispo

Dirijo-me a V. Rev.ᵐᵃ a fim de solicitar esclarecimentos sobre um problema teológico. Recebi um *e-mail* de uma mulher que desconheço. Ela o enviou após ter lido um artigo meu sobre o batizado da minha neta Mariana, do qual o celebrante não autorizado fui eu. Disse-me que tem um filhinho e é seu desejo batizá-lo. Mas o sacerdote lhe nega o batismo, sob a alegação de que ela e o pai da criança não são casados na Igreja. A criança, assim, está com a alma em perigo por um pecado que não cometeu.

Sempre pensei que, segundo a teologia da Igreja, o fato de uma mulher ficar grávida, casada ou não casada, é sinal de que Deus deseja a dita gravidez. Pois, se ele não a desejasse, a gravidez não aconteceria. E somente isso que explica a interdição do aborto em qualquer situação, inclusive nos casos em que o feto não tem cérebro. O senhor haverá de convir comigo que existiria uma contradição na mente divina se Deus aprovasse a gravidez e, ao mesmo tempo, ordenasse à instituição que o representa que lhe negasse o batismo.

Imaginemos uma mulher e seu companheiro. Eles muito se amam, mas não são casados na Igreja. Muito embora os textos sagrados digam que Deus é amor, e o apóstolo Paulo tenha dito que o amor é a maior de todas as virtudes, o fato é que, para a teologia da Igreja, quem não casou na Igreja está num estado pecaminoso de concubinato. Ouvi de um padre, numa homilia de casamento, a seguinte afirmação: "Não é o vosso amor que faz o casamento. É o contrato...". Os companheiros que se amam sem contrato, assim, estão em pecado e impedidos de batizar seu filhinho. Mas aí o pai da criança morre. Agora, graças à morte do marido, a mulher não mais se encontra numa relação pecaminosa. A criança pode então ser batizada. Se o companheiro da mulher que me enviou a carta morrer, o filho dela poderá ser batizado?

De todos os santos, o de minha devoção mais forte é Santo Expedito. Ele tem a palavra "hoje" escrita em sua cruz. Santo Expedito não deixa para amanhã. O milagre acontece no mesmo dia. Pois contou-me uma piedosa senhora sobre um milagre de Santo Expedito. Uma amiga sua sofria muito nas mãos de um marido cruel. Ela orou a Santo Expedito e seu pedido foi atendido no mesmo dia. Perguntei:

— Sofreu um acidente e morreu?

— Não — ela me respondeu. — Ele se enforcou...

Trata-se do primeiro suicídio milagroso de que há registro.

Pergunto: Seria adequado à mulher que me escreveu apelar para Santo Expedito? Quem é que o santo mataria? O marido ou o padre? Se ele me pedisse conselho, eu diria: "Mate o padre...".

Por favor, senhor bispo, instrua pastoralmente seus padres, informando-os de que todas as crianças vão para o céu, mesmo sem batismo, não importando que seus pais sejam católicos, protestantes, hinduístas, espíritas, umbandistas, do candomblé, budistas, xintoístas, judeus, maometanos, ateus e quantas religiões haja. *Dominus vosbiscum*.

Fraternalmente, Rubem Alves.

O filósofo e a camisinha

Ludwig Wittgenstein foi um dos filósofos mais interessantes do século que passou. Ele era fascinado pela linguagem. Observando a forma como usamos as palavras, chegou à conclusão de que, ao falar, estamos jogando um jogo.

Imagine, como exemplo, um jogo de cartas. Com as mesmas cartas, muitos jogos diferentes podem ser jogados: buraco, pôquer, mau-mau, rouba-monte, *bridge*, truco etc. As cartas são as mesmas. Mas em cada jogo e em cada situação do jogo, as cartas têm sentidos e usos completamente diferentes. Para que as cartas tenham um sentido preciso, necessário se faz que os jogadores estejam jogando o mesmo jogo. Se um joga as cartas com as regras do truco e outro com as regras do *bridge*, o jogo, isto é, a comunicação, não acontece. Em vez de um jogo, o que temos é uma grande confusão.

Substitua a palavra "carta" pela palavra "palavra" e você entenderá o que Wittgenstein tinha em mente ao falar de "jogos de linguagem".

Então, não adianta consultar o dicionário. No dicionário as palavras estão mortas. Para saber o sentido de uma palavra, há de se saber o jogo que está sendo jogado na vida. Acho que foi isso que aconteceu na Torre de Babel: todos falavam as mesmas palavras, mas ninguém entendia, porque cada um jogava um jogo diferente.

Um dos primeiros livros que li foi *As viagens de Gulliver*, de Jonathan Swift. Mas o meu livro, com ilustrações e letras grandes, só contava da viagem que Gulliver fez ao país de Lilliput, habitado por anõezinhos. Confesso que não me entusiasmei. O livro só me entusiasmou quando, já adulto, li sobre outros lugares por ele visitados, em especial Lagado, cidade das universidades, sobre a qual escreverei posteriormente, tão parecidas eram as universidades de então com as universidades de agora.

Chamaram minha atenção de forma especial as investigações e propostas que estavam sendo feitas pelos cientistas do Departamento de Linguística.

O uso da linguagem, todo mundo sabe, tem por objetivo tornar possível a comunicação entre os seres humanos. Falamos para ser entendidos e para entender.

Os linguistas objetaram: "Sim, é verdade que usamos as palavras para sermos entendidos e entender. Mas o que acontece é o oposto. Todos os desentendimentos acontecem em virtude do uso que fazemos das palavras: eu falo uma coisa, meu interlocutor entende outra...".

Então, o objetivo da comunicação exige a abolição das palavras, porque é nelas que se encontram as raízes do desentendimento. Para que haja comunicação sem desentendimentos, é preciso que as palavras sejam substituídas pelas coisas que representam.

Gulliver relata então que os linguistas adeptos dessa teoria caminhavam arrastando enormes sacos onde punham os objetos sobre os quais poderiam falar. Ao se encontrarem – especialmente nas reuniões do departamento –, cada pessoa abria seu saco, tirava de dentro dele os objetos relevantes e, em silêncio absoluto, mostrava um objeto ao seu interlocutor, que, por sua vez, respondia mostrando outro...

Sinto que eu não deveria estar escrevendo este artigo. Pois aprendi que as palavras só causam confusão. Eu deveria mesmo é estar mostrando objetos aos meus leitores. Isso não sendo possível, resta-me fazer uso do obsoleto método de comunicação por palavras.

Escrevi esses pensamentos como prolegômenos a um projeto de comunicação com a Igreja Católica. Porque, lamentavelmente, a confusão e mesmo a ira que têm se seguido aos pronunciamentos de arcebispos ou do papa são evidências de que, falando palavras que todos entendemos, não estamos jogando o mesmo jogo. Os porta-vozes da sã e imutável doutrina da Igreja (essa afirmação se constitui numa das primeiras regras do "jogo linguístico" que fala a Igreja oficial) se entendem. Mas não os cientistas, filósofos e humanistas. Quanta confusão acontece quando a palavra "camisinha" (consultei o *Houaiss*: a palavra está lá, quietinha, sem provocar confusão) é pronunciada. Basta o papa falar "camisinha" para que o berreiro aconteça.

Foi um lamentável desentendimento que sacudiu o mundo: o papa falou, usou palavras. Justamente ele, infalível representante de Cristo, que só fala aquilo que o Espírito Santo segreda aos seus ouvidos, ele, grande mestre desse fascinante "jogo de contas de vidro" que se chama "teologia" e que, pondo a modéstia de lado, eu mesmo jogo com razoável habilidade – pois ele usou uma única palavra e estabeleceu-se o pandemônio. Ele usou a palavra "camisinha"...

No jogo da ciência e do senso comum, quando se usa a palavra "camisinha", entende-se um artefato técnico que serve para controlar a natalidade e também impedir doenças, a Aids em especial. A palavra "camisinha", assim, em linguagem científica, pertence ao conjunto de coisas práticas, tais como aspirinas, ataduras, desinfetantes, sabonetes, bicicletas, cortadores de unha e computadores. São objetos que se usam por aquilo que podem fazer. Simples ferramentas – não são virtudes, não são pecados.

Aí é que está o nó. Porque, no jogo linguístico da Igreja Católica, a palavra "camisinha" é carta de um baralho diabólico. Só pode ser pronunciada como maldição. Ela, a camisinha de aparência inocente, é mais letal que a Aids. A Aids é enfermidade que pode matar o corpo. A camisinha é pecado que pode matar a alma.

E foi assim que o *magister ludi*, S.S. Bento XVI, fiel às regras do jogo da teologia católica, declarou em Yaoundé, Camarões, que a distribuição de camisinhas não ajuda – "pelo contrário, as camisinhas aumentam o problema [da Aids]".

A declaração universal do papa na África, continente onde mais de 20 milhões de pessoas estão infectadas com o vírus da Aids, revela a transcendental importância que a camisinha ocupa no pensamento católico oficial, como lugar estratégico na luta que se trava entre Deus e o Diabo.

Ah! Como a Igreja mudou! Outras são as palavras que se usam! O amado e saudoso papa João XXIII será lembrado como o papa que falava as palavras do ecumenismo, da fraternidade, da justiça social. Mas quais serão as palavras que evocarão a imagem de S.S. Bento XVI? Espero que não seja aquela... Os católicos se envergonhariam...

"O prazer nosso de cada dia dá-nos hoje..."

Quem diria que o Riobaldo era profeta ecumênico? Foi ele mesmo quem disse:

> Eu cá, não perco ocasião de religião. Aproveito de todas. [...] Rezo cristão, católico [...] e aceito as preces de compadre meu Quelemém, doutrina dele, de Cardéque. Mas, quando posso, vou no Mindubim, onde um Matias é crente, metodista: a gente se acusa de pecador, lê alto a Bíblia, e ora, cantando hinos belos deles.*

Também eu não perco ocasião de religião. Tenho sangue católico nas veias. Meu avô ia ser padre. Lá no sobrado, no sótão, ficavam guardadas as velharias numa canastra. Entre elas, uma

---
* ROSA, op. cit.

carta do meu avô, adolescente, interno do Caraça, pedindo 10 tostões para comprar batina nova. Tenho também sangue de espírita, que eles chamam de espiritualista ou kardecista. Eu estava em São Paulo, puxei conversa com o motorista do táxi, perguntei de onde ele era.

— Sou de Macuco — respondeu.

— Macuco? Conheço muito. É perto de Lavras do Funil, onde vivi desde menino.

O taxista se sentiu mais íntimo.

— Lavras é lugar de um espírito de luz, médico que anda pelo mundo dos sofredores curando doenças...

— E como é que ele se chama? — perguntei.

— É o doutor Augusto Silva.

Dei então uma risadinha:

— O doutor Augusto Silva foi meu tio...

E tenho também sangue de protestante. A gente tinha ficado pobre por causa da crise de 1929. Fomos morar numa casa de pau a pique emprestada. Rico que fica pobre tem de mudar para longe. Todo mundo foge dele, com medo de que peça dinheiro emprestado. Mas havia um homem que não fugia, se aproximava e visitava. Era o seu Firmino, evangelista protestante que prometia as riquezas do céu para aqueles que sofriam as pobrezas da terra. A pobreza do meu pai: não tinha dinheiro para pagar escola para os filhos. Mas o seu Firmino conhecia os missionários protestantes donos do Instituto Gammon, em Lavras. Ele mexeu os pauzinhos e o Gammon deu bolsa de estudos para os meus irmãos. Ficamos então protestantes não por conversão, mas por gratidão.

Pois não é que Deus, mesmo sabendo da minha religiosidade, anda me pregando umas peças? Meus amigos tentam interceder, inutilmente. E uma amiga querida sugeriu que eu ficaria melhor se abandonasse minha incredulidade e acreditasse na reencarnação. Com a reencarnação tudo se explica, e há a certeza de um final feliz...

"Pois saiba você que eu acredito na reencarnação", eu disse. "Faz tempo anunciei a minha conversão, num artigo de nome esquisito: 'Oãçanracneer'. Reencarnação ao contrário – não de trás para diante, mas de diante para trás. Não quero ir para frente nem ficar parado no eterno presente do céu. O céu me dá claustrofobia. Além do quê, não quero evoluir. Muitas coisas não podem e não devem evoluir: saíras-de-sete-cores, riachinhos, ipês floridos, a 'Nona sinfonia', uma preta jabuticaba – são seres perfeitos."

Como seria uma jabuticaba evoluída? Uma jabuticaba cúbica? Esse objeto é divino, não pode e não deve ser melhorado. O que eu quero não é evoluir. O que eu quero é viver de novo intensamente o passado que vivi, sem os sentimentos de culpa que a religião botou na minha cabeça. Toda noite peço perdão a Deus pelos pecados que não cometi...

Assim, quando já são poucas as jabuticabas na minha tigela, rezo o meu pai-nosso herético-erótico: "O prazer nosso de cada dia dá-nos hoje...".

A dor

O velhinho (sei que eu não deveria falar "velhinho", não é politicamente correto; deveria falar "cidadão da terceira idade" ou "idoso", mas o da minha estória era um velhinho mesmo...), após cinquenta anos de ausência, voltava pela primeira vez ao sítio onde passara a infância. Visitava as matas, os caminhos, o riachinho. Quantas vezes o saltara com um pulo! E resolveu fazer o que sempre fizera: pulou... e caiu no meio. Assentado na água, comentou: "E não é que o danado do riachinho nesses anos todos alargou e eu não havia notado?".

Aconteceu coisa parecida comigo, não com um riachinho, mas com um bujão de gás. Quantas vezes levantei um bujão de gás com uma mão só. E foi o que fiz, corrijo-me, foi o que tentei fazer. Não realizei a proeza porque, no momento mesmo em que peguei o bujão, uma mordida no nervo da coluna me obrigou a largá-lo no chão. E lá fui eu, gemendo e andando como um caranguejo. Aí, como o velhinho, este velhinho que lhes escreve lamenta que os bujões tenham dobrado de peso sem que ele tenha sido avisado. Daí para frente tem sido dor, tudo por causa do maldito bujão.

A dor me fez lembrar um incidente relatado no livro do Gustavo Corção: *A descoberta do outro*. Eu o li quando era adolescente. Esqueci tudo, menos o dente do tenente Lino. O tenente Lino trabalhava num escritório burocrático, tinha de atender o público. Acontece que ele estava com dor de dente. E, antes que a pessoa dissesse a que vinha, o tenente Lino abria a boca e punha o dedo no dente.

Foi então que tive uma revelação. Descobri onde se encontra o centro do universo. O centro do universo se encontra no lugar que está doendo. Muitos anos depois, lendo *1984*, de Orwell, encontrei este parágrafo:

> No campo de batalha, na câmara de torturas, num navio que afunda, as questões pelas quais você está lutando são sempre esquecidas, porque o corpo incha até que enche o universo todo. E mesmo quando você não está paralisado de pavor ou gritando de dor, a vida é uma luta que se desenrola, momento a momento, contra a fome, o frio, a insônia, contra uma azia ou uma dor de dente.*

---

* ORWELL, George. *1984*. São Paulo: Companhia das Letras, 2009.

Estou certo de que o tenente Lino, ao lhe ser entregue o jornal pela manhã, não ligaria a mínima para as notícias, mas chamaria o entregador de jornais e lhe mostraria o dente...

Não sei o que os astrônomos dizem sobre o centro do universo. E onde quer que ele esteja não faz a mínima diferença. Mas o tenente Lino sabia que o centro do universo era ele ou, mais precisamente, seu dente.

Já passei por várias experiências de dor. Hérnia de disco. Um ortopedista me disse que só opera hérnia de disco quando o sofredor está a ponto de cometer suicídio. Tudo, menos dor. Cálculo renal. No hospital aplicaram-me seis ampolas de Buscopan. Foi igual a água. Aí eu estava verde e comecei a vomitar de dor. O médico então disse à enfermeira: "Aplique uma Dolantina nele". Ela aplicou. Não se passaram nem cinco minutos e eu estava no paraíso. Senti, então, a felicidade indescritível que não depende de prazer algum. Bastava não ter dor. Sem dor, o universo é maravilhoso.

Diz a Bíblia que foi Deus quem inventou a dor, para castigar a mulher. Quem desobedece sofre. "Com dor parirás filhos..." (Gn 3,16). Outros consideram a dor parte da pedagogia do universo para produzir a evolução da alma. Sofra o corpo para que a alma fique bela! Um universo assim não merece o meu respeito. Quem inventou a dor, eu acho, foi o Diabo e, no meu caso, a falta de juízo...

Cremação

A conversa poderia ter acontecido assim.

Eu:

— Aí é da empresa comercial que crema corpos mortos?

Do outro lado da linha:

— Sim. Cremar corpos mortos é o nosso negócio.

— Quanto custa cremar um morto?

— Depende. Os preços vão de 300 a 10 mil reais.

— Qual é a diferença entre a cremação de 300 reais e a de 10 mil reais? O serviço de 10 mil reais deixa os mortos mais bem cremados?

— Não. Todos ficam igualmente bem cremados. A diferença está na roupa em que os mortos são levados para o forno.

— Roupa? Não sabia que a roupa de um morto fazia diferença...

— Ah! Perdão... É preciso explicar. A roupa de um morto a ser cremado é o ataúde. Há os ataúdes de pobre e os ataúdes de rico.

— Mas que diferença isso faz para o morto?

— Nenhuma diferença para o morto. Mas faz diferença para os vivos. Os vivos usam seus defuntos para exibir sua riqueza.

— Posso deixar os serviços pagos adiantadamente?

— Não. Terá de ser pago na ocasião.

— Obrigado por suas informações precisas. Eu as transmitirei aos meus filhos, porque o morto a ser cremado sou eu.

— O senhor faz muito bem em pensar na sua morte com antecedência. O senhor poderá morrer logo após desligar o telefone.

Assim se encerrou uma conversa que poderia ter acontecido. A que aconteceu de verdade foi diferente.

Atendeu-me uma pessoa de voz aveludada. Tenho a impressão de que ao fundo se ouvia o "Panis angelicus". Era uma voz consoladora. Não usou a palavra "morte" nem uma vez. Ninguém quer morrer. Ele se valia de eufemismos. Eufemismo é quando se usa a palavra "mel" para falar de fel. Eis, professores, uma forma fácil de explicar às crianças o que é eufemismo. Os americanos não dizem "Ele morreu". Dizem *He passed away*. Partiu de viagem para uma terra distante...

O homem de voz aveludada dizia: "Quando essa pessoa vier a faltar...". É assim também que falam os que vendem seguros de vida: "Quando o senhor vier a faltar...". Ele sabe que se disser "Quando o senhor morrer" é possível que o cliente não faça o seguro. Quem faz seguro não acredita que vai morrer.

Aí ele delicadamente me perguntou sobre a minha relação com essa pessoa que, infelizmente, faltaria. Disse-lhe que era uma relação muito íntima: eu mesmo era a pessoa a ser cremada. Essa resposta foi-lhe inesperada, e ele tratou de me aconselhar a não pensar na morte. "O senhor não devia pensar nisso. Certamente o senhor tem ainda muitos anos de vida pela frente..." Ele falava assim porque esse é o catecismo que lhe ensinaram.

Mas agora estou com medo de ser cremado. Eu pensava que na cremação os amigos ficavam à espera de que as chamas fizessem seu trabalho ouvindo Bach, como no filme *Kolya*. Mas me disseram que as cremações não são feitas no varejo, uma de cada vez. São feitas no atacado. É muito caro acender o forno. Os cremantes ficam guardados numa geladeira até que se complete o número mínimo para que o forno seja aceso. Não gosto da ideia. Vão misturar minhas cinzas. Depois, na ressurreição do último dia, pode ser que partes do meu corpo sejam colocadas no corpo de um outro, e que partes do corpo de um outro sejam colocadas em mim... Aí eu vou pensar que sou ele, e ele vai pensar que é eu...

Parte 4

A beleza do céu na terra

Alguns guardam o Domingo indo à Igreja
Eu o guardo ficando em casa
Tendo um Sabiá como cantor
E um Pomar por Santuário.
Alguns guardam o Domingo em vestes brancas
Mas eu só uso minhas Asas
E ao invés do repicar dos sinos na Igreja
Nosso pássaro canta na palmeira.
É Deus que está pregando, pregador admirável
E o seu sermão é sempre curto.
Assim, ao invés de chegar ao Céu só no final
Eu o encontro o tempo todo no quintal.

Emily Dickinson

Comemorar, recordar

É preciso preparar a alma com antecedência para o evento. O tempo da comemoração se aproxima.

Comemorar quer dizer "trazer de novo à memória". Para quê? Para que se cumpra o ditado popular que diz "Recordar é viver". Dentre todos os seres vivos, os seres humanos são os únicos que se alimentam do passado. Eles comem aquilo que já deixou de existir.

Proust deu o nome de *Em busca do tempo perdido* à sua obra clássica. Se está irremediavelmente perdido no passado, por que se entregar à tarefa inútil de procurá-lo?

Por fora, no mundo cotidiano do trabalho, estamos em busca de coisas novas. Mas a alma, nas penumbras em que mora, vive à procura de coisas velhas. Alma é saudade. Saudade é a inclinação da alma na direção das coisas amadas que se perderam. Foram perdidas e, a despeito disso, continuam presentes como dor:

Que a saudade dói latejada
É assim como uma fisgada
No membro que já perdi.*

Saudade é a presença de uma ausência.
Para a saudade não existe cura. Tudo que podemos dar a ela como consolo é inútil. Por isso Fernando Pessoa escreveu:

Mas por mais rosas e lírios que me dês,
Eu nunca acharei que a vida é bastante.
Faltar-me-á sempre qualquer coisa,
Sobrar-me-á sempre de que desejar.**

A alma é como um queijo suíço, toda cheia de buracos que doem no seu vazio...

Há um esquecer que é uma felicidade. É como o mar que limpa e alisa a areia que os humanos haviam pisado na véspera sem pedir desculpas. Já tive essa estranha sensação bem cedo na praia diante da areia lisa, um sentimento de culpa por machucá-la com meus pés... O esquecimento alisa a areia. Tudo fica puro, como se fosse a primeira vez. Isso, do lado de fora. Mas lá no fundo, onde mora a saudade, não há esquecimento. Porque lá só moram as coisas que foram amadas. E o amor não suporta o esquecimento. "O que a memória ama fica eterno", escreveu a Adélia.***

---

* BUARQUE, Chico. "Pedaço de mim". *Chico Buarque*. 1978.
** CAMPOS, op. cit.
*** PRADO, Adélia. *Bagagem*. Rio de Janeiro: Record, 2003.

Há a estória daquele homem dilacerado pela dor da saudade de sua amada, que morrera. Em desespero, dirigiu-se aos deuses pedindo que a devolvessem.

— A morte é mais forte que nós — responderam os deuses. — Não podemos devolver o que a morte levou. Mas podemos pôr fim ao seu sofrimento. Podemos fazê-lo esquecer a sua amada. Podemos curá-lo da saudade...

Horrorizado, o homem respondeu:

— Não, mil vezes não! Pois é o meu sofrimento que a mantém viva junto de mim!

Palavra boa para dizer isso, parente de "comemorar", é "re-cordar". Pus o hífen de propósito para destacar o "cordar", que vem do latim *cor*, que quer dizer "coração". Há memórias que moram na cabeça, muito úteis. Se nos esquecemos delas, cuidado! Pode ser o Alzheimer se anunciando! Essas memórias não doem, são informações que levamos no bolso, ferramentas. Mas há outras memórias que moram no coração, são parte da gente. O Chico sabia e escreveu: "Oh, pedaço de mim. Oh, metade arrancada de mim..."*

Já estou preparando a minha alma para o evento. O Natal vai fisgar o membro que já perdi. Perdi a minha infância. Gostaria mesmo era de ir para um mosteiro, longe de comilanças, presentes e risos. Num mosteiro, eu poderia experimentar a bem-aventurança na alma que Fernando Pessoa descreveu como a alegria de não precisar estar alegre... Eu gosto da minha tristeza natalina. Ela é verdadeira. Sou como aquele apaixonado que não queria ser curado da saudade...

---

* BUARQUE, op. cit.

Velórios

No livro *O mito de Sísifo*, Albert Camus afirmou que os suicidas preparam sua morte como uma obra de arte. Eles desejam que seu último gesto seja contemplado pelos que vivem como algo belo, ainda que trágico.

Acho que o mesmo deveria ser verdadeiro para aqueles que morrem sem se suicidar. Um velório deveria ter a simplicidade e a beleza de um haicai.

Um conhecido meu, nos Estados Unidos, morreu bem jovem ainda. Sua esposa, que conhecia o coração dele, preparou seu sepultamento com o coração de uma artista.

Era outono. No outono a natureza está morrendo. Em breve chegará o inverno. As árvores, então, explodem num incêndio de cores, vermelhas cor de sangue, amarelas cor de gema. É triste, infinitamente triste. Mas é belo, infinitamente belo. Sim, a natureza faz com que sua morte seja uma obra de arte.

A esposa do meu conhecido fez com que seu ataúde fosse simples e rústico, feito com tábuas de pinho. Aí convidou os amigos para um serviço de paciência. Costuraram centenas ou milhares de folhas coloridas de outono sobre um lençol com que cobriram o ataúde. E assim foi ele devolvido ao seio da Mãe Terra.

Um outro resolveu que não teria velório. Sabendo que ia morrer, doou seu corpo ao Departamento de Anatomia da Faculdade de Medicina. Mas, ao mesmo tempo, deixou como herança aos amigos, apenas aos amigos, um banquete. Eles deveriam se reunir, comer, beber, conversar, chorar. O velório de Cristo, a última ceia, não foi uma refeição?

Eu escrevo isso porque acho os velórios comuns de uma feiura horrenda. Neles, o horror estético faz violência à tristeza. Ninguém, olhando para aquela parafernália mortuária grotesca, a urna funerária de um mau gosto atroz, aquelas peças de metal onde se apoia o esquife, os castiçais e tudo o mais, se comoveria com a sua beleza. Chego a pensar que assim foi feito de propósito – o horror estético diminui a tristeza da alma.

Este artigo, eu o dirijo aos *designers*. *Designers* são artistas. Eles tomam os objetos do cotidiano, desgastados pelo tempo e pelo costume, e os ressuscitam sob novas formas.

Mas, infelizmente, nenhum deles até hoje empregou a sua arte para fazer valer a afirmação de Camus. Até hoje, ainda não vi em revistas de arte nenhum exemplo de transfiguração de objetos de velório pela arte dos *designers*. Apreciadores da beleza, será que eles ainda não pensaram no próprio velório?

Estive decidido a ser cremado, pensando que a cerimônia poderia ser bela – enquanto as chamas fazem seu serviço, ouve-se música de Bach, o coral "Todos os homens devem morrer" ou o "Vem, doce morte".

Mas aí me disseram que não é assim. O defunto é deixado lá no crematório, ao lado de outros defuntos, até o dia em que todos são cremados por atacado, solitariamente. Isso não é bonito.

Mas, em sendo enterrado, não quereria ser enterrado numa dessas urnas funerárias que se compram em empresas que vivem da morte. Não combinam com meu gosto estético. Gostaria de uma urna de madeira bruta, sem vernizes, lisa, e sem metais dourados. Nela, quem sabe, uma mensagem leve, como o epitáfio que Mario Quintana escolheu para si: "Eu não estou aqui"...

Fica aqui o meu pedido aos *designers*, para garantir que o meu velório (e o deles) seja uma obra de arte...

A música dos céus

S.S. o papa Bento XVI é um esteta. Ele ama a beleza. Em especial, a beleza da música. Seu aniversário foi celebrado com um concerto. Eu também sou um esteta. Assim, temos algo em comum.

Os poetas nos ensinam que a alma, em seus lugares mais profundos de silêncio, é música. Fernando Pessoa o disse:

> Cessa o teu canto!
> Cessa, que, enquanto
> O ouvi, ouvia
> Uma outra voz
> Como que vindo
> Nos interstícios
> Do brando encanto

Com que o teu canto
Vinha até nós.
Ouvi-te e ouvi-a
No mesmo tempo
E diferentes
Juntas a cantar.
E a melodia
Que não havia,
Se agora a lembro,
Faz-me chorar.*

Então é para isso que o poeta escreve? Para que se possa ouvir nos silêncios dos seus versos uma melodia que se encontra além deles? "Minha alma é uma orquestra oculta", ele disse; "não sei que instrumentos tange e range, cordas e harpas, timbales e tambores, dentro de mim. Só me conheço como sinfonia."** Quando se sente a beleza da música, é porque ela já se encontra dentro da alma, adormecida.

Milan Kundera diz coisa semelhante:

A vida humana é composta como uma partitura musical. O ser humano, guiado pelo sentido da beleza, transpõe o acontecimento fortuito para fazer disso um tema que, em seguida, fará parte da partitura de sua vida. Voltará ao tema, repetindo-o, modificando-o, desenvolvendo-o e transpondo-o, como faz um

---
* PESSOA, Fernando. *Cancioneiro*. São Paulo: Martin Claret, 2008.
** PESSOA, Fernando. *Livro do desassossego*. São Paulo: Companhia de Bolso, 2006.

compositor com os temas de sua sonata. O homem inconscientemente compõe sua vida segundo as leis da beleza mesmo nos instantes do mais profundo desespero.*

A música nos salva. Certa vez eu me encontrava num hospital, contorcido pela dor de uma hérnia de disco. De repente alguém pôs no tocador de CDs a sonata "Appassionata", de Beethoven. Minha alma então gritou dentro de mim: "Nem toda a dor do mundo será capaz de destruir a beleza dessa sonata!".

A alma tem a capacidade de separar a música dos ruídos que a perturbam. Aconteceu nos tempos do rádio de válvula. Eu já estava na cama, pronto para dormir. Lá fora havia chuva, relâmpagos e trovões. Eu girava o botão do meu rádio à procura de alguma música. Mas os chiados, os assobios e a estática eram insuportáveis. De repente, em meio à barulheira e misturada a ela, pude identificar um piano que tocava a "Balada nº 1" de Chopin. Os ruídos minha alma não escutou. Mas, ouvindo a balada, ela se alegrou.

O místico Angelus Silesius escreveu: "Temos dois olhos. Com um vemos as coisas do tempo, efêmeras, que desaparecem. Com o outro, vemos as coisas da alma, eternas, que permanecem". Pois eu modifico seu verso: "Temos dois ouvidos. Com um ouvimos as melodias eternas, que permanecem. Com o outro, os ruídos efêmeros, que desaparecem".

Pois essa não deveria ser a missão da Igreja conduzida por um esteta? Igreja, lugar onde se ouve a música divina, onde se esquecem os ruídos dos homens em seu formigar desorientado

---

* KUNDERA, Milan. *A insustentável leveza do ser*. São Paulo: Companhia de Bolso, 2008.

neste mundo, lugar de dissonâncias, "vale de lágrimas", como o nomeia uma das orações mais queridas dos fiéis?

Compreende-se, então, a razão por que Sua Santidade deseje restaurar o canto gregoriano nos ofícios sagrados. Porque o canto gregoriano, se é que não o sabem, é a música que o Criador toca eternamente através dos astros que colocou nos céus como instrumentos de sua orquestra.

O canto gregoriano

Harmonices mundi – as harmonias dos mundos; foi esse o nome que Kepler deu ao livro em que relatou a sua descoberta das três fórmulas matemáticas que exprimem o movimento dos planetas. Por dezoito anos ele havia trabalhado até chegar àquele resultado. Para ele era mais que matemática. Era música! Os astros, esferas celestes, tocavam música, composta pelo Criador. O Criador esperara durante seis mil anos por uma criatura que a ouvisse. Kepler foi o primeiro a ouvi-la.

    Lendo o maravilhoso livro de José Miguel Wisnik, *O som e o sentido*, aprendi muitas coisas sobre esse mundo esquecido em que a matemática e a música, irmãs gêmeas, dançam. Sabiam os teólogos medievais que a música das esferas celestes é superior à música que os homens inventam. E que música é essa que faz audível aos ouvidos humanos a música do universo? É o canto gregoriano. O canto gregoriano imita os astros. Cada esfera celeste é uma nota da escala musical.

Eterna e imutavelmente, o canto gregoriano se repete, como convém a uma obra de Deus. O que é completo e perfeito não admite novidades. Novidades são perturbações da ordem, como se algum planeta, enlouquecido, fugisse de sua órbita perfeita.

Música de novidades é música do tempo imperfeito, tempo do formigamento humano, tempo que ainda não encontrou o seu destino. O canto gregoriano é música do tempo perfeito, tempo que já encontrou o que buscava e que se repete, eternamente. Nas palavras da doxologia: "Como era no princípio, agora e sempre, pelos séculos dos séculos, amém".

A alma de S.S. o papa Bento XVI vive nesse mundo de perfeição musical. Essa é a razão por que ele deseja o retorno do canto gregoriano. A missão da Igreja não pode ser outra que a de eliminar os ruídos humanos para que apenas a música divina se faça ouvir. Compreende-se então o seu repúdio às novas formas de música que invadiram a liturgia após o Concílio Vaticano, música de planetas enlouquecidos, música de ruídos, do efêmero, dos improvisos, de protestos, de sentimentos...

Como admitir novidades nessa música na liturgia se o Criador revelou à Igreja, e somente a ela, a sua música?

A Igreja não pode tolerar cantores desafinados, que rompem as harmonias celestiais cantando cantos que eles mesmos inventaram. Igreja, Babel feliz antes da confusão de línguas, todos falando a mesma língua enquanto se trabalha na construção da torre que haverá de atingir as estrelas. Essa é a missão evangelizadora.

A Igreja é a cura para a confusão de línguas, o retorno à monolíngua, tão em harmonia com a monotonia do canto gregoriano. Cada cantor há de se esquecer dos seus sentimentos e pensamentos para se entregar à monolíngua sagrada.

E é por amor à sua vocação musical que a Igreja, desde os tempos da Inquisição, tem se esforçado por silenciar os cantores dissonantes, não por crueldade (embora possa parecer), mas por amor à beleza da música dos céus. Os cantores dissidentes têm de ser silenciados para que a música das esferas seja ouvida!

Grande lição esta: o preço da harmonia universal é a renúncia à liberdade individual. Sacrifício, sim, mas pequeno diante da beleza da música de Deus.

Todos os homens devem morrer...

A notícia da morte voa rápido, ignorando o espaço. Chega dura como golpe de ferro que esmigalha o tempo. As agendas, mensageiras do tempo, dissolvem-se no ar. Aquele dia não lhes pertence. Naquele dia, somente uma coisa faz sentido: chorar.

O poeta W. H. Auden chorou:

Que os relógios sejam parados, que os telefones sejam desligados,
que se jogue um osso ao cão para que não ladre mais,
que o piano fique mudo e o tambor anuncie
a vinda do caixão e seu cortejo atrás.

Que os aviões, gemendo acima em alvoroço,
escrevam contra o céu o anúncio: ele morreu.
Que as pombas guardem luto – um laço no pescoço

e os guardas usem finas luvas cor de breu.
[...]
É hora de apagar as estrelas – são molestas,
hora de guardar a lua, desmontar o sol brilhante,
de despejar o mar e jogar fora as florestas
pois nada mais há de dar certo doravante.

A notícia chegou e me faz chorar. O Waldo César morreu. A morte havia muito já se anunciara. Não sei os detalhes. Sei que há cerca de três anos ele se recolheu em um lugar que muito amava, na companhia de árvores, riachos e bichos. Será que ele já sabia?

Os que ainda não sabem que vão morrer falam sobre as banalidades do cotidiano. Mas aqueles que sabem que vão morrer veem as coisas do cotidiano como "brumas e espumas". Por isso preferem a solidão. Não querem que o seu mistério seja profanado pela tagarelice daqueles que ainda não sabem.

O corpo de um morto: presença de uma ausência. Mario Quintana brincou com a própria morte dizendo o epitáfio que deveria ser escrito em seu túmulo: "Eu não estou aqui...". Se não está ali, por onde andará? Esta foi a pergunta que Cecília Meireles fez à sua avó morta:

Onde ficou teu outro corpo? Na parede? Nos móveis? No teto?
Inclinei-me sobre o teu rosto, absoluta, como um espelho,
E tristemente te procurava.

Mas também isso foi inútil, como tudo mais.*

---
* MEIRELES, op. cit.

Ainda o olhar, para onde foi? O velho Bachelard também procurava sem encontrar a resposta: "A luz de um olhar, para onde ela vai quando a morte coloca seu dedo frio sobre os olhos de um morto?"*

Por não saberem a resposta, os amigos conversam. Falam sobre memórias de alegria que um dia foram a substância de uma amizade. Falam procurando o sentido da ausência. Falam para exorcizar o medo...

O Waldo amava a vida. Amava a vida porque conhecia a morte. Já a experimentara na morte trágica da Ana Cristina, sua filha poeta, e da companheira, Maria Luiza. Mas ele triunfava sobre o horror da morte pela magia da música. Assentava-se ao órgão e tocava seu coral favorito: "Todos os homens devem morrer", de Bach.

De todas as artes, a música é a que mais se parece conosco. Para existir, ela tem de estar sempre a morrer. Neste preciso momento, fez-se silêncio no meu apartamento. Antes havia música, a "Sonata ao luar". Mas, uma vez realizada sua perfeição, Beethoven a matou com dois acordes definitivos. Tudo que é perfeito precisa morrer. Creio que foi nessa proximidade musical com a morte que o Waldo encontrou o seu desejo de viver intensamente.

O corpo morto do meu amigo me fez pensar sobre a beleza da vida. Por isso, como ele, volto-me para Bach. E é isso que vou fazer: vou ouvir o CD Bach, que o Grupo Corpo dançou. Se o Waldo estiver por perto, ele parará para ouvi-lo e conversaremos em silêncio...

---

* BACHELARD, op. cit.

A cidade adormecida

Sei que as intenções dela são boas. Ela não faz por maldade. Faz por alegria. Mas não sabe como a alegria dela me faz sofrer... Colocou na porta do seu apartamento um calendário regressivo anunciando quantos dias faltam para o Natal. Ela se alegra por antecipação...

Para mim é o contrário. O que sinto, não sei se é tristeza ou irritação. Não é que eu não goste do Natal. A minha tristeza e irritação acontecem porque amo o Natal.

Sei que isso deve estar confuso. Preciso explicar esse paradoxo. Vou me valer de uns versos do poema de Cassiano Ricardo "Você e o seu retrato":

Por que tenho saudade
de você, no retrato,
ainda que o mais recente?

E por que um simples retrato,
mais que você, me comove,
se você mesma está presente?*

O resto do poema são variações sobre essas duas perguntas terríveis, que qualquer pessoa odiaria ouvir do amante ou da amante! O seu retrato... Como amo o seu retrato! Olhando para o seu rosto paralisado no papel – você está sempre do mesmo jeito, olhando-me com aquele olhar de criança, eterno –, sinto uma alegria mansa que queria ter sempre. Sabe, preciso confessar: o seu retrato, em que você está ausente, me comove mais que o seu rosto, quando você está presente. A sua presença perturba o amor que sinto por você, no retrato. Se você estivesse sempre ausente, se eu tivesse somente o seu retrato, eu a amaria mais...

Resumindo: a gente ama mais na ausência que na presença. Porque o objeto ausente existe iluminado pela luz da fantasia, fora do tempo. O objeto amado ausente é um emissário da eternidade.

Havia uma casa na minha infância que eu muito amava. Sempre me lembrava dela, tinha saudades, queria voltar lá. Voltei. A casa estava lá. Mas não era a mesma. Sim, era a mesma, mas não era a casa que eu amava na minha fantasia.

Tomás Antônio Gonzaga escreveu um poema em que, movido pela saudade, volta aos lugares da sua infância. Volta aos mesmos lugares, mas por mais que procure não encontra os seus lugares. Tudo está diferente. E cada estrofe termina com este refrão:

São estes os sítios?
São estes; mas eu
O mesmo não sou.

---
* RICARDO, Cassiano. *A difícil manhã*. Porto: Editora Livros de Portugal, 1960.

Ao final ele recobra a lucidez e reconhece que todos os lugares amados estão nos mesmos lugares onde estavam. Então, o que mudou?

Mudaram-se os olhos,
De triste que estou.*

A alma é o lugar onde estão guardadas, como se fossem quadros, as cenas que o amor tornou eternas. O retrato da amada de Cassiano Ricardo. A casa velha onde morei. Os lugares da infância de Tomás Antônio Gonzaga. De vez em quando, a saudade os chama de seu esquecimento. E o que acontece com o retrato do Natal que mora na minha memória poética, amassado pela realidade do Natal que vai acontecer no dia marcado no calendário regressivo da minha vizinha, tão simpática e amiga...

O meu retrato de Natal, desbotado, me faz lembrar uma expressão antiga: "A cidade adormecida". Todos dormem. Grande é o silêncio, exceto pelo vento nas árvores, o latido distante de algum cão, o canto de um galo que se equivocou no horário. As estrelas velam. É uma cena de tranquilidade. Quando se dorme, a vida passa devagar. Bachelard observa que até mesmo um criminoso adormecido provoca sentimentos de ternura. Dormindo, todos nos tornamos crianças. Hoje as cidades não dormem mais. Hoje o Natal acontece nas cidades que não dormem. Mas o meu Natal só acontece numa cidade adormecida, que só existe no meu retrato...

---

* GONZAGA, Tomás Antônio. *Marília de Dirceu*. São Paulo: Martin Claret, 2012.

Oãçanracneer

Não conheço ninguém que tenha entusiasmo com a ideia do céu. Nem os mais piedosos querem deixar este mundo, e fazem a maior força para adiar o momento da partida para o prometido lugar de delícias. Preferem ficar um pouco mais, a despeito da artrite, da úlcera, da surdez, da dentadura, da urina solta. E certos estão, pois nada melhor se pode desejar que esta terra maravilhosa, com seus perigos e amenidades.

Cecília Meireles, mística, criatura de outro mundo, conforme testemunho próprio e confirmação do Drummond, dizia que ficava a imaginar se depois de muito navegar a um outro mundo enfim se chega. E tremia de medo que isso pudesse acontecer:

O que será, talvez, mais triste.
Nem barca nem gaivota:
somente sobre-humanas companhias...*

---
* MEIRELES, op. cit.

Consultei a Adélia Prado, para ver se a teologia dela era de diferente opinião. E o que encontrei foi isto:

> Se o que está prometido é a carne incorruptível,
> é isso mesmo que eu quero, disse e acrescentou:
> mais o sol numa tarde com tanajuras,
> o vestido amarelo com desenhos semelhando urubus,
> um par de asas em maio e imprescindível,
> multiplicado ao infinito, o momento em que
> palavra alguma serviu à perturbação do amor.
> Assim quero "venha a nós o vosso reino".*

Consultei o texto dos graves doutores nas coisas divinas, e em nenhum deles pude encontrar referências a um céu com tanajuras, vestidos amarelos e momentos de amor carnal. Mandei os tais livros de presente para os meus inimigos e guardei o poema da Adélia.

E até mesmo Nietzsche pensou que seria bom que esta vida, com todas as suas dores e sofrimentos, não acabasse nunca, e que o universo fosse um cânon infinito, em que a vida se repetisse eternamente. Ele imaginava que cada momento deveria ser eterno, e a única forma de conseguir isso era fazer com que o tempo fosse uma ciranda, e tudo voltasse ao princípio e começasse de novo, do jeitinho mesmo que foi.

Concordo. E estou até pensando em fundar uma nova religião, pois religião é isto, acreditar que a imaginação é forte... Dessa religião, a coisa mais importante será a doutrina da reencarnação

---

* PRADO, Adélia. *Poesia reunida*. Rio de Janeiro: Record, 2015.

– pois é isto que a reencarnação diz, que o corpo é como a fênix, que ressuscita sempre das cinzas. Só que a reencarnação da minha religião é diferente daquela que anda para frente. O que eu quero mesmo é voltar para trás.

Andei lendo coisas espantosas da física moderna. Pois, se entendi o que li, existe um outro tempo, diferente deste do dia a dia, rio que nasce no passado e vai levando a nossa canoa para o futuro. Esse outro tempo nasce no futuro e vai navegando para o passado.

Alegrei-me ao saber de coisa tão maravilhosa. Pois o que o meu coração deseja não é navegar para o futuro. O futuro é desconhecido. E, por mais que dê asas à minha imaginação, não consigo amar o que não conheço. Pode ser que ali se encontrem as coisas mais maravilhosas – mas, como eu nunca as tive, não posso amá-las. Não sinto saudades delas. A saudade é um buraco na alma que se abre quando um pedaço nos é arrancado. No buraco da saudade mora a memória daquilo que amamos, tivemos e perdemos: presença de uma ausência. "Oh, metade arrancada de mim", diz o Chico. Minha alma é um queijo suíço. E o que a saudade deseja não é uma coisa nova. É o retorno da coisa velha, perdida.

> Que a saudade é o revés de um parto
> A saudade é arrumar o quarto
> Do filho que já morreu.*

É inútil consolar a mãe, diante do filho morto, dizendo que ela poderá ter outro filho, mais bonito e mais inteligente. O que a mãe deseja é aquele filho, burrinho e feio – pois é ele que ama.

---

* BUARQUE, op. cit.

Miguel de Unamuno tem um livro lindíssimo com o título *Paisajes del Alma*. As paisagens da alma são feitas de cenários que não mais existem e que a saudade eternizou. Aquilo que o coração ama fica eterno.

Não, não quero ir nem para o céu nem para a frente. Quero mesmo é voltar aos lugares do passado que amei. Quero voltar para casa...

Quero o gemido do monjolo da minha infância e suas pancadas tristes noite adentro. Quero as madrugadas pelos campos cobertos de capim-gordura, o borbulhar dos regatos escondidos no mato, o barulho dos cascos dos cavalos no chão, misturado ao cheiro divino do seu suor. Quero as jabuticabeiras floridas e suas abelhas. Quero as estórias de almas do outro mundo, contadas à sombra das paineiras. Quero o barulho das goteiras nas panelas, caindo dentro de casa. Quero o apito rouco do trem de ferro, que vive apitando dentro do meu corpo. Quero um canarinho-da-terra, cabecinha de fogo, no galho da laranjeira. Quero o cheiro dos cadernos, livros e borrachas no primeiro dia de aula, no grupo. Quero me assentar no rabo do fogão a lenha e ficar vendo o fogo. Quero assistir a fita em série, no Cinema Paradiso. Quero molhar os pés na enxurrada...

Se eu fosse escrever uma teologia sobre a felicidade futura, seria isto que eu escreveria: uma poesia sobre a felicidade passada... Para isso rezo toda noite: "Senhor do tempo, põe a minha canoa no rio do passado, pois só assim haverá uma cura para a minha saudade...".

PARTE 5

O riso dos deuses

Eu poderia crer somente num deus que dançasse.
E quando vi o meu demônio eu o encontrei sério, rigoroso,
profundo e solene: era o espírito da gravidade –
por ele todas as coisas afundam.
Não se mata por meio do ódio.
Mata-se por meio do riso.
Venham, vamos matar o espírito da gravidade!
Agora estou leve! Agora eu voo!
Agora um deus dança através do meu corpo.
Friedrich Nietzsche

O riso é o início da oração.
Reinhold Niebuhr

"Ridendo dicere severum": rindo, dizer coisas sérias.

Inseminação artificial

Faz uns anos a Rede Globo anunciou no *Jornal Nacional*, pela voz solene do Cid Moreira, que os teólogos moralistas do Vaticano haviam encontrado um método de inseminação artificial aceitável a Deus. Inseminação com o sêmen do marido, é claro. Mas, até aquele momento, mesmo a inseminação com o sêmen do marido era proibida. E isso porque só há duas formas de obter o sêmen. Primeiro, pela masturbação, que é pecado. Segundo, pelo uso da camisinha, que é pecado por ser contra a ordem da natureza. Mas aí o brilho intelectual e lógico dos teólogos encontrou um caminho. Se se fizesse um buraquinho na camisinha, isso significaria que a natureza não estava sendo desobedecida, porque sempre um espermatozoide poderia passar pelo buraco. Assim, poder-se-ia fazer inseminação artificial desde que se usasse uma camisinha furada. Imaginei, então, que nos céus deve haver um departamento de exame de camisinhas, no qual os anjos separariam as camisinhas pecadoras das camisinhas santificadas.

A Bíblia não mente

O pregador anunciava a vinda de Cristo nas nuvens dos céus. "Meus irmãos", ele argumentava, "antigamente a gente duvidava. Porque está escrito na Bíblia que Ele voltará nas nuvens e todo olho o verá. Então a gente pensava: mas a Terra é redonda. Se ele vier nas nuvens da China, nós não o veremos. Se Ele vier nas nossas nuvens, os chineses não o verão. Mas a Bíblia não falha. Porque agora, graças aos satélites e à televisão, todos poderemos assistir à vinda triunfal de Cristo comodamente assentados em nossas casas, vendo televisão..."

El Niño

Nos Estados Unidos, a televisão no domingo de manhã é uma catástrofe. Em quase todos os canais, há a cara de um evangelista pregando. Aqui no Brasil já está igual. Parei num canal em que não vi a cara de nenhum evangelista. Parecia-me coisa da *National Geographic*, uma reportagem sobre o El Niño. Mas logo me desapontei. A reportagem era uma ilustração do sermão de um evangelista sobre a próxima vinda de Cristo. E qual era o sinal que indicava sua volta próxima? El Niño. "El Niño quer dizer 'O Menino'!", ele berrava convencido.

Arrebatamento

Adesivo que se encontra em alguns carros: "Cuidado! Em caso de arrebatamento, este carro ficará desgovernado!". Não confunda as coisas. Não é arrebentamento, desastre, colisão. É arrebatamento mesmo. Porque está escrito que na volta de Cristo os salvos serão arrebatados e subirão como anjos aos céus. Nesse caso, é claro, os carros dos salvos vão ficar sem motorista, desgovernados. Mas que importa? Os que não forem arrebatados e que terão de lidar com os carros desgovernados são aqueles condenados ao inferno. Assim, que importa uma colisão?

Sobre ceroulas e a salvação da alma

Um amigo, historiador, contou-me sobre uma carta curiosa, se não me engano datada do século XVII, escrita por um zeloso missionário a seus superiores em Portugal. Ele estava profundamente preocupado com o destino eterno das almas dos índios, que era sua missão salvar. Acontecia que eles, sem as luzes das doutrinas da Igreja, nada sabiam sobre o pecado da nudez. Andavam por todos os lugares, homens, mulheres, crianças, exibindo de forma despudorada as partes de seu corpo que deveriam ficar ocultas. Como é do conhecimento geral dos homens civilizados, a visão das partes do sexo tem o poder de provocar pensamentos libidinosos, pecaminosos, que põem as almas em perigo de ir para o inferno. Deus prefere os homens vestidos aos homens nus. Ele então informava seus superiores de que sua missão salvífica só poderia ser realizada se a pregação da doutrina fosse acompanhada por uma distribuição de ceroulas. Solicitava, então, que lhe fossem enviadas de Portugal algumas centenas de ceroulas para cobrir a vergonha dos índios, tornando, assim, possível a salvação de suas almas. No céu todos usam camisolas brancas...

Sobre os novos caminhos da Santíssima Trindade

Como é do conhecimento geral, gastei grande parte de minha vida estudando os mistérios da teologia. Aprendi sobre a Trindade – Pai, Filho e Espírito Santo –, na qual estão contidos todos os segredos do universo. Sinto-me, portanto, profundamente perturbado quando leio afirmações públicas que indicam que a Trindade não é mais a mesma.

Fosse em tempos passados, a Igreja já teria ordenado que se celebrassem autos de fé para que os ditos escritores purgassem suas heresias nas fogueiras da Inquisição. Como já não existem os recursos purificadores das fogueiras, ficam eles soltos por aí, escrevendo impunemente em lugares públicos aquilo que seus pensamentos ímpios maquinam.

Dou exemplos. Vi um açougue com o nome Bom Jesus. O que nos dizem os evangelhos é que Jesus é o Bom Pastor. O pastor cuida das ovelhas. Poder-se-ia imaginar um Bom Pastor pastoreando ovelhas para levá-las ao açougue? Diz mais a teologia: que sua missão cósmica foi morrer na cruz para que a humanidade fosse salva. Ora, o que o nome "Açougue Bom Jesus" está dizendo é que a segunda pessoa da Santíssima Trindade abandonou sua missão divina e se dedica agora ao negócio de carnes. Confesso que não posso imaginar Nosso Senhor Jesus Cristo envolvido com linguiças, bifes, costeletas, pernis e hambúrgueres.

Outros, ao contrário, afirmam que ele entrou para o ramo dos veículos. Prova disso são os inúmeros carros que circulam pela cidade com os dizeres "Propriedade exclusiva de Jesus". Acho muito estranho, posto que Jesus, dentro dos limites do meu conhecimento, sempre andou a pé, com uma única exceção – quando foi a Jerusalém montado em um manso burrico. Intriga-me o fato de os carros da dita frota divina serem sempre velhos. Nem sequer pertencem à curiosa categoria dos seminovos. Ainda não vi nenhum Mercedes ou BMW. Certamente isso não se deve à falta de dinheiro. Se, conforme afirma a teologia da prosperidade, Jesus dá riqueza a todos aqueles que lhe são obedientes, é claro que seus recursos financeiros são infinitos. Uma frota de carros de propriedade de Jesus certamente conta com sua proteção, o que significa que não dão trombadas, não enguiçam e, melhor de tudo, não são roubados. Quem se atreveria a roubar um carro da segunda pessoa da Santíssima Trindade? Alguns veículos portam a advertência aos ladrões: "Rastreado por satélite"; roubou, será pego. O que dizer então de uma frota de carros rastreada pelo olho divino?

E há ainda aqueles que dizem que Deus expandiu seus negócios também para o ramo imobiliário. Prova disso são os prédios que ostentam gigantescas afirmações do tipo: "Este prédio está sendo construído com a bênção divina". O que me deixa assombrado. E isso porque, segundo as narrativas bíblicas, a construção de torres nunca teve a bênção divina. O caso mais famoso é a Torre de Babel, que, naqueles tempos, devia se comparar ao World Trade Center. Deus foi lá e confundiu a língua dos construtores. Deixaram de se entender. O que ainda acontece frequentemente em prédios de apartamentos. O que se quer dizer quando se afirma: "Este prédio está sendo construído com a bênção divina"? Que todos que ali trabalham são felizes? Que todos ganham salários dignos? Que se trata de uma cooperativa, os lucros, ao final, sendo igualmente divididos entre todos? Ou será que Deus assinou um contrato?

Ah! Fico só pensando no mandamento que diz: "Não tomarás o nome do Senhor teu Deus em vão..." (Ex 20,7). Quem faz isso não escapa ao castigo. Está escrito. É preciso não esquecer que todos os terroristas fanáticos afirmam agir com a bênção divina...

Generala

O guia, para atestar a profunda religiosidade de seu povo, disse-me que a mansa mãe de Deus, Maria Santíssima, tem a patente de generala do exército de seu país, o Chile. Fiquei pasmo. Assombrou-me mais que a Igreja do Cuspe de Cristo. Porque para o nome "Igreja do Cuspe de Cristo" há, pelo menos, recurso aos textos evangélicos, nos quais se relata que Cristo curou um cego com cuspe. O cuspe foi usado para o bem. Mas "generala"... Não encontro nos textos sagrados autorização para transformar a mãe de Cristo em patente militar. Há de se perguntar, em primeiro lugar, quem foi que a agraciou com esse título. A seguir, há de se perguntar se ela o aceitou. Se sim, duvido da santidade da Virgem. Porque, pelo que conheço, a mãe de Jesus era uma mansa mulher. Não posso imaginá-la fardada, cavalgando um cavalo negro, com a espada desembainhada. Não posso imaginá-la a examinar mapas do campo de batalha e a determinar bombardeios e baionetas caladas. Pois não é o que fazem os generais? Ou a Virgem não é a mansa mulher que sempre imaginei, ou esse título é espúrio. Acho que vou denunciar a heresia ao papa, para que ele trate de excomungar os detratores do caráter da mãe de Deus.

Os bichos vão para o céu?

Tenho um amigo que é pastor de uma comunidade protestante. Favor não confundir "protestante" com "evangélico". Contou-me sobre uma velhinha solitária que tinha como único amigo um cãozinho. Ela o procurou aflita. Havia lido no livro do Apocalipse, capítulo 22, versículo 15, que não entrarão no céu "os cães, os feiticeiros, os impuros, os assassinos, os idólatras". Que os impuros, os assassinos, os idólatras não entrem no céu está muito certo. "Mas, reverendo", dizia ela, "o meu cãozinho... A Bíblia está dizendo que o meu cãozinho não vai entrar no céu. Eu amo o meu cãozinho e ele me ama. O que será de mim sem o meu cãozinho?"

Aí eu pergunto aos senhores, teólogos, estudiosos dos mistérios divinos: Há, no céu, lugar para os cãezinhos? Sei qual será a resposta. "No céu não há lugar para cãezinhos, porque cãezinhos não têm alma. Somente os humanos a têm." Acho que, teologicamente, de acordo com a tradição, os senhores estão certos.

Nas inúmeras telas que os artistas pintaram da bem-aventurança celestial, por mais que procurasse, nunca encontrei animal algum. Aves, às quais são Francisco pregou (por que pregar-lhes, se elas não têm alma?), peixes, símbolos de Jesus Cristo, vacas, jumentos e ovelhas, que adoraram o Menino Jesus no presépio, todos eles serão reduzidos a nada. Não ressuscitarão no último dia. O céu será um mundo de almas desencarnadas. Não haverá beijos nem abraços. Falta às almas a materialidade necessária para beijos e abraços.

Os senhores já observaram que no credo apostólico a "alma" não é sequer mencionada? Ali se fala em "ressurreição da carne". É a carne que está destinada à eternidade. A carne é o mais alto desejo de Deus. Tanto assim que ele se tornou carne, encarnou-se.

A esperança é a volta ao paraíso, onde havia bichos de todos os tipos. Se Deus os criou, é porque os desejava e deseja. Um céu vazio de animais é o céu de um Deus que fracassou. Ao final, ele não consegue trazer novamente à vida aquilo que criou no princípio. Não. Herege que sou, direi à velhinha: "Fique tranquila. Seu cãozinho estará eternamente ao seu lado. Não só o seu cãozinho como também gatos, girafas, macacos, peixes, tucanos, patos e gansos. Deus gosta de bichos. Se ele gosta de bichos, eles serão ressuscitados no último dia…".

Criança não acredita em Deus

Criança não acredita em Deus por conta própria. Mas acredita em pedrinhas, cachorros, gatos e sapatos sem fazer força. Porque os vê.

De que eu me lembre, no início, Deus era só uma palavra que minha mãe, minha primeira mestra nos essenciais da teologia, me ensinou. Deus era só um som, uma palavra vazia e sem sentido. E como as crianças, por causa de sua fraqueza, tendem a acreditar na palavra dos adultos, eu acreditei. Elas ainda não sabem que muitas palavras são sons vazios.

A primeira lição em que a palavra "Deus" aparecia era uma reza que deveria ser feita antes de dormir. Era assim: "Agora me deito para dormir. Guarda-me, ó Deus, em teu amor. Se eu morrer sem acordar, recebe minh'alma, ó Senhor. Amém".

Muitas das palavras dessa oração faziam sentido. Quando é que uma palavra faz sentido? Quando, ao ser pronunciada, provoca o aparecimento de uma imagem. Por exemplo, eu digo "cavalo" e você imediatamente visualiza um cavalo; eu digo "tomate" e você vê um tomate em sua imaginação.

A palavra "morrer" fazia sentido para mim, porque eu já vira cortejos subindo a rua em direção ao cemitério, as pessoas caminhando solenes, vagarosas, silenciosas, carregando um caixão com uma pessoa morta dentro para ser levada ao cemitério, onde seria enterrada em uma cova.

Tão grave era aquele momento que a vida normal da cidade se interrompia quando a procissão passava. Todos se punham de pé, tiravam o chapéu, faziam silêncio, se persignavam, balbuciavam um "Agora e na hora de nossa morte. Amém"...

Essa frase anunciava a solidariedade entre o morto, que ia sendo carregado num caixão para ser enterrado, e os espectadores, que no momento eram apenas espectadores, mas chegaria a hora em que seriam atores. O repicar fúnebre dos sinos, diferentemente dos demais, anunciava o terror daquele momento. A reza que minha mãe me fazia rezar me trazia um pouco daquele terror.

Eu sabia também o sentido das palavras "deitar", "dormir", "morrer", "acordar". Mas não sabia o sentido da palavra "alma" nem o sentido da palavra "Deus". "Alma" e "Deus" não produziam nenhuma imagem na minha imaginação. Criança pensa com os sentidos, com os olhos, os ouvidos, o nariz, a língua, a pele.

Conversa teológica
entre pai e filho

— Papai, por que é que nós vamos à igreja?

— Porque a igreja é a casa de Deus.

— Mas as igrejas são muitas. Qual delas é a casa de Deus mesmo? Ninguém pode morar em muitas casas ao mesmo tempo.

— Deus pode. Ele mora em todas as casas ao mesmo tempo.

— Ele mora inteiro em cada uma delas, ou é só um pedaço?

— Mora inteiro. Deus não tem pedaços.

— Se a igreja é a casa de Deus, quer dizer que fora da igreja Deus não mora?

— Não. Deus mora em todos os lugares.

— Também na Lua e nas estrelas e nas montanhas e nos desertos?

— Sim. Também na Lua e nas estrelas e nas montanhas e nos desertos.

— E na nossa casa? Deus mora lá também?

— Na nossa casa Deus está sempre.

— Se Deus está sempre na nossa casa, na Lua e nas estrelas e nas montanhas e nos desertos, então todo lugar é casa de Deus. Se todo lugar é casa de Deus, por que é preciso ir à igreja para encontrar Deus?

— Na igreja Deus é mais poderoso.

— Então, há lugares em que Deus é mais poderoso e outros onde é menos poderoso?

— Sim, há lugares onde Deus é mais poderoso. Nos lugares onde Deus é mais poderoso, é mais fácil acontecer milagres. É por isso que as pessoas de fé fazem longas peregrinações a pé, a cavalo, de ônibus, de avião aos lugares onde Deus é mais poderoso, para receber milagres.

— É para receber milagres que as pessoas procuram Deus? Se ele não fizesse milagres, as pessoas continuariam procurando Deus?

— Bem...

— O Deus mais fraco é mais fraco mesmo? Ele é mais fraco que o Deus mais forte? Então o Deus mais forte é mais Deus que o Deus mais fraco? Reza que se faz em casa é mais fraca? Deus atende menos?

— ...

— O Deus mais fraco é tanto Deus quanto o Deus mais forte?

— Sim. Ambos são Deus.

— Eu pensava que Deus era forte sempre, igual, na Lua, na rua, na igreja, na casa, na favela, nas prisões. Deus está também nas prisões?

— Deus está em todo lugar. Também nas prisões.

— Se Deus é tão forte e pode fazer tudo que deseja, por que ele não faz os maus ficarem bons? Se Deus está com eles nas prisões, eles deveriam ficar bons...

— Isso eu não sei...

— Eu gostaria que Deus estivesse com a mesma força em todos os lugares. Se Deus é todo-poderoso e sabe todas as coisas, ele não poderia ter evitado o *tsunami*, os furacões, os terremotos, a corrupção? Eu vejo, na televisão, homens corruptos fazendo peregrinações...

— Filho, estou com fome. Vamos comer um hambúrguer com Coca-Cola?

**Acreditamos
nos livros**

Este livro foi composto em Fairfield e
impresso pela Geográfica para a Editora
Planeta do Brasil em julho de 2019.